모든 일이
잘 되어가고
있다

주 훈 지음

·이 책은 저작권법에 의해 보호를 받는 저작물이기에 무단 전재와 복제를 금합니다.
·이 책 내용의 전부 또는 일부를 이용하려면 반드시 저작권자와 에코브랜드의 서면 동의를 받아야 합니다.
·오탈자 및 잘못 표기된 부분은 위 이메일 주소로 보내주시면 감사하겠습니다.
·책값은 뒤표지에 있습니다.

ⓒ 주 훈, 2025

천천히 가도 앞서가는 사람들의 비밀
모든 일이 잘 되어가고 있다
1판 1쇄 인쇄 2025년 8월 18일
1판 1쇄 발행 2025년 9월 4일

지은이   주 훈
펴낸이   이승용
디자인   김은진
마케팅   에코브랜드
펴낸곳   BRAND ARCHIVE
이메일   changegg9@gmail.com
ISBN   979-11-989372-2-3(03190)

짧은 글이지만, 오래 당신 곁에 머물기를 바랍니다.
천천히 음미하며, 때로는 곱씹으며 읽어주세요.
그 안에서 당신만의 답을 찾게 되길 바랍니다.

목차

1장 시작하는 사람의 마음
지치지 않기 위해 먼저 붙들어야 할 생각들

고생 없이 얻은 성공에 취하지 말 것 ·10

사라질 감정에 속박되지 마라 ·14

편견과 선입견이 빼앗아 가는 것들 ·18

아는 사람은 인맥이 아니다 ·22

중요한 시험 직전의 호흡 ·26

약점을 아는 사람의 강점 ·30

누군가는 쌓이고, 누군가는 무너진다 ·34

2장 마음이 무너지지 않게 지키는 연습
감정이 흔들릴 때, 나를 붙드는 태도

똑똑하다고 생각할 때가 가장 위험하다 ·40

부자가 가장 자주 사용하는 기술 ·44

옳은 말이 옳지 않을 때가 있다 ·48

말하지 말고, 들어라 ·52

걱정은 딱 한 번이면 충분하다 ·56

여유는 통장에서 나오지 않는다 ·60

지식은 머리에, 깨달음은 삶에 남는다 ·64

공백을 채우는 뇌의 마술 ·68

3장 오늘의 나를 만드는 아주 작은 반복들
실력이 되는 태도, 운이 되는 습관

지금 당장 부가가치를 만들어라 ·74

결승선은 멈추지 않는 사람의 것이다 ·78

직접 뛰어본 사람만이, 그 가치를 안다 ·82

하나를 완벽하게 전달하는 사람이 성공한다 ·88

작심삼일을 깨는 방법 ·92

진짜 강함은 축적된 시간에서 나온다 ·96

성공한 사람들의 공통점 네 가지 ·100

얕게 넓히지 말고, 깊게 들어가라 ·104

모든 것을 만드는 열쇠는 번쩍이지 않는다 ·108

4장 누구와 함께 걷느냐가 당신의 속도를 바꾼다
관계는 실력이고, 신뢰는 자산이다

바닥에 떨어질 때, 진짜 인맥이 보인다 ·114

당신을 끌어내리는 사람과 끌어올리는 사람 ·118

사장의 마인드로 일하는 사람 ·122

부탁받는 사람이 되는 법 ·126

찾아내는 습관이 길을 만든다 ·130

같이 일하고 싶다면, 이 셋 중 하나는 갖춰라 ·136

닮고 싶은 무리 안에 있어야 한다 ·140

5장 아직 도착하지 않았을 뿐, 가고 있는 중이다
멈추지 않는 마음이 결국 흐름을 만든다

결과를 뛰어넘는 사람들의 비밀 ·146

목적 없는 삶은 길을 잃는다 ·150

책임을 회피하면, 기회도 멀어진다 ·154

끝에서 시작하는 사람들 ·158

운명은 다시 쓸 수 있다 ·162

홀로 설 때 비로소 보이는 힘 ·166

이유는 나중에 드러난다 ·170

준비되지 않은 행운은 기회가 아니다 ·174

6장 모든 일이 잘 되어가고 있다
결국 알게 될 흐름의 비밀

모든 것은 돌고 돈다 ·180

사랑받고 싶다면, 사랑하라 ·184

말하는 순간, 기적은 시작된다 ·188

곧 판이 바뀐다는 가장 확실한 신호 ·192

그다음 문이 열리는 사람들 ·196

감추고 싶은 곳에서, 가장 큰 힘이 나온다 ·200

아무것도 우리를 막을 수 없다 ·204

1장

시작하는 사람의 마음

지치지 않기 위해 먼저 붙들어야 할 생각들

고생 없이 얻은 성공에 취하지 말 것

001

쉽게 얻은 것은 쉽게 사라진다.

노력 없이 얻은 성공은 처음엔 좋을지 몰라도, 오래가지 않는다. 더운 여름날, 에어컨 바람이 시원한 이유는 땀을 흘려봤기 때문이다. 밤늦게까지 일한 뒤 먹는 한 끼가 특별한 이유는, 그 하루가 고됐기 때문이다.

세일즈를 시작한 지 1년쯤 되었을 때였다. 어떤 고객이 별다른 설득 과정 없이 나에게 고액 계약을 진행해 주었다. 그 고객이 마침 다른 회사 상품에 불만이 있던 차에 내가 나타난 것이었다.

그달 소득이 평소의 3배가 되었다. 그 순간 나는 마치 세일즈의 고수가 된 것 같은 착각에 빠졌다. '역시 나는 실력자구나', '이 일이 내 적성에 맞는구나'라고 생각했다.

하지만 그다음 달부터 현실을 마주했다. 같은 방식으로 접근해도 성과가 나지 않았다. 고객들은 쉽게 마음을 열어주지 않았다. 지난달의 성공은 내 실력이 아니라 단지 '운'이 좋았던 것이었다.

그 경험이 오히려 나에게는 큰 가르침이 되었다. 진짜 실력을 기르지 않으면 지속적인 성과를 낼 수 없다는 것을 뼈저리게 느꼈다.

그 후로는 접근 방식을 바꿨다. 운에 의존하지 않고, 체계적으로 세일즈 기술을 익히기 시작했다. 거절당해도 왜 거절당했는지 분석했고, 성공할 때도 왜 성공했는지 돌아봤다.

몇 년이 지나니 안정적인 성과를 낼 수 있게 되었다. 그때의 성취감은 1년 차 때 우연히 얻은 성공과는 비교할 수 없었다. 진짜 내 실력으로 만든 결과였기 때문이다.

고생 없이 얻은 성취는 '더 큰 행복'을 주지 않는다. 오히려 불안하다. 언제 사라질지 모르기 때문이다. 하지만 노력과 희생 끝에 얻은 성공은 값지고 의미 있게 다가온다.

주변을 보면 두 종류의 사람들이 있다. 운 좋게 성공을 먼저 맛본 사람들과 실패를 겪으며 천천히 성장한 사람들. 시간이 지나고 보면 대부분 후자가 더 지속적이고 안정적인 성과를 낸다.

왜일까? 실패를 경험한 사람들은 성공의 소중함을 안다. 어떻게 하면 실패를 피할 수 있는지, 어떻게 하면 지속해서 성과를 낼 수 있는지 체득했기 때문이다.

지금 당신이 어려움을 겪고 있다면, 그것은 분명 의미가 있다. 그 과정에서 쌓이는 경험과 지혜가 나중에 더 큰 성공의 밑거름이 될 것이다.

쉽게 오지 않은 성공만이 오래 남는다. 당신도 언젠가는 성공할 것이다. 그렇다면 더 깊고 긴 성공의 기쁨을 느끼는 편이 낫지 않겠는가.

넘어진 자리에서 배운 사람만이
다음 성공을 감당할 준비가 된다.
성공보다 중요한 건, 실패를 견디는 연습이다.

사라질 감정에
속박되지 마라

002

'내 한계가 여기까지인가?'
'내 실력이 이것밖에 안 됐나?'
10년 전, 정말 그렇게 생각했던 순간이 있었다.
큰 계약 하나를 놓쳤을 때였다. 몇 달간 공들여 준비했던 계약이 마지막 순간에 무산되었다. 그것도 내 실수 때문이었다. 서류 하나를 빠뜨린 작은 실수가 고객을 번거롭게 하였고, 모든 계약을 망쳐버렸다.
그날 밤, 집에 돌아와서 한참을 멍하니 앉아 있었다. '이제 끝이구나'라는 생각까지 들었다. 고객의 신뢰를 잃었고, 동료들 앞에서도 체면이 말이 아니었다. 이 일이 내 적성에 맞지 않는 듯싶었다.
그 감정이 얼마나 강렬했는지, 지금도 그때의 절망감, 자책감, 무력감으로 괴로워하던 내 모습이 기억난다. 잠도 오지 않았고, 밥맛도 없었다.

하지만 10년이 지난 지금, 그때의 절망감은 다시 찾아오지 않는다. 그 사건 자체는 기억하지만, 그때의 감정은 희미해졌다. 오히려 그 실패가 나를 더 꼼꼼하게 만들어 주었다는 걸 안다.

연차가 쌓일수록 더 좋은 계약들을 성사시켰고, 그때의 실패 경험이 오히려 도움이 되었다. 서류 검토를 두 번, 세 번 하는 습관이 생겼고, 덕분에 같은 실수를 반복하지 않을 수 있었다.

물론 반대의 경우도 있었다.

처음으로 본부 내에서 업적 1위를 했을 때의 기쁨도 비슷했다. 그때는 정말 세상을 다 가진 기분이었다. 동료들의 축하, 임원진들의 칭찬, 가족들의 자랑스러운 눈빛. 그 모든 것이 완벽했다.

'이제 나도 진짜 탑 세일즈맨이 되었구나'라는 생각이 들었다. 그 환희에 취해서 며칠간 일에 집중하지 못했다. 마치 그 성공이 영원히 지속될 것처럼 느꼈다.

하지만 그 기쁨도 오래가지 않았다. 다음 달에는 성과가 평범했고, 그다음 달에는 더 떨어졌다. 1위 했던 기억은 좋지만, 그때의 벅찬 감정은 이미 사라졌다.

눈물을 흘리며 좌절했던 기억도, 가슴 벅찼던 기쁨의 순간도, 시간이 흐르면 모두 희미해진다. 이런 경험을 반복하면서 깨달았다. 감정이라는 건 일시적이라는 것을. 그 순간에는 영원할 것 같지만, 시간이 지나면 반드시 바뀐다는 것을 말이다. 좋은 일도, 나쁜 일도. 행복도, 슬픔도. 앞으로도 반복될 것이다. 그러나 결국, 모든 것은 사라진다.

지금 당신이 힘든 감정에 사로잡혀 있다면, 그것도 지나갈 것이다. 지금 당신이 너무 기뻐서 흥분상태라면, 그것도 곧 진정될 것이다. 사라질 감정에 속박되지 마라. 오늘의 고통이 영원하지 않듯, 오늘의 환희도 영원하지 않다.

감정을 부정하라는 뜻은 아니다. 슬플 때는 슬퍼해도 되고, 기쁠 때는 기뻐해도 된다. 다만 그 감정이 전부가 아니라는 걸 기억하라는 것이다.

지금, 이 순간의 감정도 언젠가는 추억이 될 것이다.

그러니 너무 심각하게 받아들이지 마라. 모든 것은 지나간다.

영원히 지속되는 것은 없다.
모든 것은 끝이 있고, 결국 사라진다.
좋은 일도, 나쁜 일도. 행복도, 슬픔도.

편견과 선입견이
빼앗아 가는 것들

003

"이 지역 출신들은 꼭 뒤통수를 친다니까."
"이 학교 출신들은 한통속이야."

살면서 이런 말을 한 번쯤 들어봤을 수 있다. 아니, 직접 했을지도 모른다. 이런 편협한 경험이 반복되면서, 자신도 모르게 편견과 선입견이 자리 잡는다.

모두가 그런 것은 아니지만, 생각보다 많은 고객들이 세일즈맨을 이렇게 본다. "영업하는 사람들은 결국 사기꾼들이야.", "처음엔 간, 쓸개 다 줄 것처럼 얘기한다니까."

그러다 보니 첫 만남에서부터 경계의 벽이 높다. 아무리 진심으로 도움을 주려 해도 "어차피 자기 이익만 생각하겠지"라는 시선으로 본다. 때로는 그 시선이 너무 차갑게 느껴져서 상처받기도 했다.

하지만 나 역시 처음에는 고객들을 만나기 전에 미리 짐작하곤 했다. 첫인상이나 겉모습으로 어떤 분일지 예상하고, 그에 맞춰 상담 준비를 하려 했다.

오래전, 한 고객과의 만남에서 생긴 일이다.

20대 초반의 젊은 고객이었다. 첫 직장에 다니는 신입사원이라고 했다. 나는 속으로 생각했다. '아직 사회 초년생이라 돈도 없을 텐데, 제대로 된 상품에 가입할 수 있을까?'

그런 마음으로 상담을 시작하려던 참이었다. 그런데 그 고객이 말했다.

"지금은 월급이 많지 않지만, 미래를 위해 제대로 준비하고 싶어요. 부모님이 보험 때문에 고생하시는 걸 봤거든요."

고객의 진지한 태도에 나는 부끄러워졌다. 내가 가진 편견 때문에 그 고객을 제대로 보지 못했다. 그 후로 마음을 바꿔 정성껏 상담했고, 결과적으로 좋은 계약도 성사할 수 있었다.

반대의 경우도 있었다.

한 번은 고급 외제 차를 타고 온 중년 고객을 만났다. 겉보기에는 여유 있어 보였고, 나는 '이분은 돈이 많으니까 고액 상품도 가입하실 수 있을 거야'라고 생각했다.

하지만 상담 과정에서 알게 된 것은, 그분이 사업 실패로 어려움을 겪고 있다는 사실이었다. 외제 차도 리스였고, 보험료 부담도 만만치 않은 상황이었다.

만약 내가 편견에 사로잡혀 고액 상품만 권했다면, 그분에게 도움이 되지 않았을 것이다.

편견과 선입견 속에서도 극복하고 성장하는 사람들이 있다. 하지만 대부분은 지쳐 쓰러진다.

좋은 인맥은 "나는 좋은 인맥이에요" 하며 나타나지 않는다. 기회는 오히려 기회가 아닌 것처럼 보인다.

만약 내가 첫인상만으로 판단했다면, 수많은 고객과의 소중한 인연을 놓쳤을 것이다.

편견과 선입견이 당신에게 주는 것은 단 하나뿐이다.

"거봐, 내가 뭐랬어. 결국 내 말처럼 됐잖아."

그 말 한마디를 위해, 당신은 얼마나 많은 가능성을 놓치고 있는가.

편견과 선입견은 사람을 빼앗고, 기회를 빼앗고, 사랑을 빼앗는다.
결국, 모든 것을 빼앗아 간다.

아는 사람은
인맥이 아니다

004

"그 회사 사장이 내가 아는 사람이잖아."
"거기 책임자가 우리 학교 출신이야."
자신의 인맥을 자랑하는 사람들이 있다. 그 인맥이 정말 도움이 될지는 모르겠다. 대부분은 인맥을 통해 자신의 사회적 포지션이 높아 보이게 하고 싶을 뿐이다.
나는 인맥이 많지 않다. 누군가에게 부탁하거나 아쉬운 소리를 하는 게 쉽지 않다. 세일즈를 하면서도 지인들에게 고객을 소개해달라고 부탁하는 일이 어려웠다.
그래서 처음에는 '인맥'이라는 것에 대해 잘못 생각했다. 많은 사람을 알수록 좋고, 높은 자리에 있는 사람과 연결되면 도움이 될 거로 생각했다.
각종 모임에 나가서 명함을 수집하듯 모았다. '언제든 연락하세요', '나중에 식사 한번 해요'라는 인사말을 진짜로 받아들이기도 했다. 하지만 정작 도움이 필요할 때 연락해 보면 대부분 바쁘다는 이유로 피해 갔다. 명함 숫자와 진짜 인맥은 아무 관련이 없다는 걸 몸소 깨달았다.

진짜 인맥은 다른 곳에서 만들어졌다. 같은 목표를 향해 함께 노력하는 사람들, 서로의 어려움을 나누고 성공을 응원해 주는 사람들 사이에서 자연스럽게 형성되었다.

지금 내가 진짜 인맥이라고 부를 수 있는 사람들은 대부분 이런 과정을 통해 만났다. 거창한 소개나 화려한 만남이 아니라, 일상에서 서로를 도우며 쌓인 신뢰 관계였다.

인맥은 부탁을 들어줄 사람이 아니다. 삶을 공유하고, 서로의 생각과 계획을 믿어주며, 과정과 결정을 지지해 줄 사람이 진짜 인맥이다.

내가 만나본 부를 이룬 사람들은 인맥을 단순히 아는 사람이 아니라, 신뢰할 수 있는 사람으로 구축한다.

그들의 공통점은 먼저 주는 사람들이라는 것이다. 자신이 도움받기 전에 먼저 도움을 준다. 상대방의 성공을 진심으로 응원한다. 어려울 때 외면하지 않고 함께한다.

그런 사람들 주변에는 자연스럽게 좋은 사람들이 모인다. 서로 믿고 의지할 수 있는 관계가 형성된다. 그래서 큰 기회가 생겼을 때도 함께 나눈다.

아까도 언급했지만, 정작 중요한 순간에 진심으로 도움을 줄 사람이 몇 명이나 될지 돌아본다면, 명함을 아무리 많이 모아봐야 별 소용이 없다. SNS에서 아무리 많은 사람과 연결된다고 해도 의미 있는 관계를 찾기가 쉽지 않다.

진짜 인맥을 원한다면, 먼저 당신이 누군가의 진짜 인맥이 되어 줄 마음가짐이 필요하다.

누군가의 어려운 순간에 함께해 주는 사람이 되어 준다면, 누군가의 꿈과 계획을 진심으로 응원해 주는 사람이 되어 준다면, 누군가 중요한 결정을 내릴 때 믿고 상의할 수 있는 사람이 되어 준다면 기회는 결국, 그런 사람에게 찾아온다.

인맥은 단순히 아는 사람의 숫자가 아니다.
당신의 생각과 계획을 믿어주고, 결정을 지지해 줄 사람이어야한다.

중요한 시험
직전의 호흡

거래처 대표와 바이어 앞에서 당신이 회사를 대표해 중요한 브리핑을 해야 한다. 거래대금은 수백억. 회사의 사활이 걸린 순간이다.
기분이 어떨 것 같은가?
곧 중요한 시험을 봐야 한다. 마지막 응시다. 이 시험의 결과에 따라 당신의 미래가 결정된다.
두려움과 스트레스가 몰려온다. 숨이 가빠지고, 손끝이 차가워진다.
나는 세일즈를 하며, 항상 이런 마음으로 임한다. 실패에 대한 두려움이 늘 존재한다.
처음에는 이런 감정이 드는 게 힘들었다. 왜 이렇게 떨려야 하는지, 왜 이렇게 불안해야 하는지 나 자신을 이해할 수 없었다. 다른 사람들은 자신 있어 보이는데 나만 이상한 건 아닌지 자책하기도 했다.
하지만 시간이 지나면서 이 긴장감이야말로 나를 성장시키는 원동력이라는 것을 알게 되었다.

큰 계약을 앞두고 있을 때면 여전히 밤잠을 설친다. '혹시 계약을 놓치면 어떻게 하지?', '상대방이 다른 경쟁 업체를 선택하면?' 이런 생각들이 머릿속을 맴돈다.

그러면 더 열심히 준비한다. 고객의 요구를 다시 한번 분석하고, 경쟁사 대비 우리의 강점을 정리한다. 예상 질문들을 뽑아서 답변을 준비하고, 혹시 모를 상황에 대한 대안도 마련한다.

실패가 두려우니까 더 완벽하게 준비하게 된다. 그 과정에서 실력이 늘고, 자신감도 생긴다.

물론 이런 노력을 지속하다 보면, 지치고 힘들어진다.

매번 이렇게 긴장하고, 매번 이렇게 준비하는 게 쉬운 일은 아니다. 가끔은 '그냥 대충 해도 되지 않을까?'라는 생각이 든다.

그럴 때마다 나는 상상한다. 내가 원하는 결과를. 그 결과를 얻었을 때의 성취를.

계약이 성사되었을 때의 기쁨, 고객이 만족해할 때의 뿌듯함, 동료들과 함께 기쁨을 나누고 축하받을 때의 자랑스러움. 그런 순간을 머릿속에 그려본다.

그러면 한 발짝 더 나아갈 수 있다. 그리고 그 한 걸음이 쌓일수록, 경쟁자와의 격차는 시간이 흐를수록 더 벌어지게 된다.

지금도 중요한 미팅을 앞두고 있으면 떨린다. 세일즈맨으로 17년을 살아왔지만, 여전히 그렇다. 하지만 이제는 그 떨림을 반갑게 맞는다. 그 떨림이 나를 더 나은 세일즈맨으로 만들어 준다는 걸 알기 때문이다. 지금 중요한 순간 앞에서 떨고 있는가? 그렇다면 잘하고 있다. 그 두려움이 당신을 더 철저하게 준비하게 할 것이다.

성공에 대한 기대감도 마찬가지다. "이번에는 정말 잘될 것 같아"라는 설렘이 있어야 끝까지 포기하지 않고 나아갈 수 있다.

두려움과 기대감. 이 두 감정이 균형을 이룰 때 최고의 퍼포먼스가 나온다.

중요한 시험 직전의 그 숨 가쁜 순간을 소중히 여겨라. 그 순간들이 당신을 성장시킨다.

실패의 두려움은 당신을 더 강하게 만들고,
성공의 기대감은 당신을 더 나아가게 만든다.

약점을 아는 사람의 강점

그동안 세일즈를 하면서 다양한 부자를 만났다.

그들에게는 공통점이 있다. 자신의 약점을 감추지 않는다. 대신, 그 약점을 보완하는 시스템을 만든다. 강점에 집중하되, 약점이 발목을 잡지 않도록 대비한다.

한 고객은 자신이 숫자에 약하다는 걸 인정하고, 회계사와 재무 전문가를 곁에 두었다. 또 다른 고객은 기술 분야의 문외한이라는 걸 알고, 기술 파트너와 함께 사업을 했다.

이들의 특징은 "나는 이것을 잘 모른다"고 솔직하게 말할 수 있다는 것이었다. 그리고 그 부족함을 채우기 위해 적극적으로 움직였다.

반면, 자신의 약점을 숨기려 하는 사람들도 있었다. "나는 그렇지 않아"라고, 그렇게 회피하다 보면, 결국 한순간에 무너지는 것을 자주 보았다.

특히 기억에 남는 한 분이 있다.

소개로 만난 중소기업 대표님이셨는데, 모든 분야에 다 전문가인 것처럼 행동하셨다. 재무도, 마케팅도, 기술도 모두 자신이 안다고 하셨다.

하지만 자세히 들어보면 각 분야에 대한 이해가 피상적이었다. 전문가의 조언을 구하는 것도 자존심 상해하셨다. "내가 이 정도는 다 알아"라는 식이었다.

결국 그분은 신제품 출시와 관련된 중요한 결정을 내릴 때 잘못된 판단을 했고, 사업에 큰 타격을 받으셨다. 만약 자신의 한계를 인정하고 전문가의 도움을 받았다면 피할 수 있었던 실패였다.

나는 기억력이 뛰어나지 않다. 스마트 기기를 능숙하게 다루지도 못한다.

처음에는 이런 단점을 감추려 했다. 고객 앞에서 기억이 안 나는 걸 애써 기억하려 하거나, 스마트폰 조작이 서툴러도 능숙한 척했다.

하지만 그럴수록 실수가 늘었다. 중요한 정보를 깜빡하거나, 기기 조작 실수로 시간을 낭비하는 일이 반복되었다.

그러다 생각을 바꿨다. 약점을 인정하는 순간, 보완할 방법도 찾을 수 있다는 걸 깨달았다.

그렇게 나는 메모하는 습관을 들였다. 벌써 17년째 이어오고 있다. 나는 고객과의 대화 내용, 약속 일정, 중요한 정보들을 모두 수첩에 적는다. 처음에는 번거로웠지만, 점점 체계적으로 정리하는 방법을 익혀 지금은 내가 가진 최고의 자산이 되었다.

스마트 기기도 마찬가지였다. 복잡한 기능은 포기하고, 꼭 필요한 기능만 익혔다. 대신 그 기능들은 완벽하게 사용할 수 있도록 연습했다.

이 습관이 나를 최정상의 탑 세일즈맨으로 만들어 주었다. 다른 세일즈맨들이 기억에 의존할 때, 나는 정확한 기록을 바탕으로 고객을 관리했다. 고객들은 내가 자신의 작은 이야기까지 기억하고 있다는 것에 감동했다.

누구에게나 약점은 있다.

문제는 약점 그 자체가 아니라, 그것을 방치하고 외면할 때다.

많은 이들이 부족함을 가리느라 애쓰지만, 핵심 강점을 단단히 키우면 사소한 약점은 영향력을 잃는다.

굳이 '내 장점이 무엇인지' 고민하지 않아도 된다. 자신의 약점과 단점을 정확히 파악하고 인정하는 태도 자체가, 가장 큰 장점이기 때문이다.

자신의 약점과 단점을 아는 것은, 가장 큰 장점이다.

누군가는 쌓이고,
누군가는 무너진다

같은 시기에 입사한 동기들이 시간이 지나면서 차이를 보이며, 완전히 다른 길을 걷는 것을 많이 봤다.

처음 몇 달은 다들 비슷했다. 누구는 운 좋게 큰 계약을 성사시켰고, 누구는 실수로 기회를 놓치기도 했다. 그때는 일시적인 차이인 줄 알았다.

하지만 1년, 2년이 지나니 확연한 차이가 났다. 어떤 동기는 꾸준히 성과를 내며 안정적인 고객층을 확보했다. 어떤 동기는 여전히 불안정한 실적에 허덕이고 있었다.

5년이 지나니 그 차이는 더욱 벌어졌다. 꾸준히 노력한 동기는 경력을 쌓으며 탑 세일즈맨이 되어 있었고, 그렇지 못한 동기는 회사를 떠났다.

무엇이 이런 차이를 만들었을까?

매일 하는 작은 행동이었다. 한 사람은 매일 꾸준히 고객 관리를 했고, 다른 사람은 급할 때만 연락했다. 한 사람은 매일 새로운 것을 배우려 했고, 다른 사람은 기존 방식에 안주했다.

당장은 큰 차이가 없어 보였다. 하지만 그 작은 차이가 쌓이고 쌓여서 결국 돌이킬 수 없는 격차를 만들었다.

나 역시 처음에는 이걸 몰랐다. 때로는 운 좋게 큰 계약을 성사시키면 '이제 괜찮겠다'고 생각했다. 때로는 실적이 안 나오면 '이번 달만 넘기면'이라고 생각했다.

하지만 몇 년 경험하면서 일시적인 성공이나 실패는 중요하지 않다는 것을 몸소 깨닫게 되었다. 정말 중요한 건 매일매일의 작은 노력을 쌓는 것이었다.

매일 고객에게 안부 인사를 보내기 시작했다. 매일 업계 뉴스를 확인했다. 매일 조금씩이라도 책을 읽고 공부했다. 당장은 큰 변화가 없어 보였지만, 나는 멈추지 않았다.

그렇게 6개월, 1년이 지나니 확실한 차이가 났다. 고객들이 나를 더 신뢰하기 시작했다. 업계 동향을 잘 알아서 유용한 정보를 제공할 수 있었다. 전문성이 늘어서 고객과의 대화 수준이 달라졌다.

진짜 부는, 단번에 쌓이지 않는다.

단번에 건강한 몸을 얻을 수도 없고, 단번에 꼴찌가 1등이 될 수도 없으며, 단번에 좋은 평판을 얻을 수도 없다.

재미있는 진실은, 나빠지는 것은 하루아침에도 가능하지만, 좋아지는 것은 오직 시간이 누적될 때만 가능하다는 것이다.

한 번의 실수로 신뢰를 잃을 수 있다. 한 번의 사고로 건강을 해칠 수 있다. 한 번의 스캔들로 평판이 무너질 수 있다. 하지만 신뢰를 쌓는 데는 수많은 작은 약속들을 지켜야 한다.

건강을 만드는 데는 수많은 날의 운동과 절제가 필요하다. 좋은 평판을 얻는 데는 수많은 선한 행동들이 축적되어야 한다.

그래서 어렵다. 좋아지는 것은 시간과 노력이 쌓여야 하기 때문이다. 그래서 시간이 흐를수록 차이는 더 벌어지고, 그 차이가 당신의 삶을 더 단단하게 만든다.

지금 당신이 매일 하는 작은 일들을 소홀히 여기지 마라. 당장은 큰 변화가 보이지 않을 수 있다. 하지만 그 작은 노력들이 쌓이고 쌓여서 언젠가는 큰 차이를 만들어 낼 것이다.

반대로 지금 당장 문제없어 보인다고 안주하지도 마라. 작은 게으름이 쌓이면 언젠가는 돌이킬 수 없는 뒤처짐이 될 수 있다.

모든 것은 누적되어 나타난다.
건강, 성적, 실적, 행복, 자산, 심지어 평판까지.
시간이 흐를수록, 그 차이는 점점 더 벌어진다.

2장

마음이 무너지지 않게 지키는 연습

감정이 흔들릴 때, 나를 붙드는 태도

똑똑하다고 생각할 때가
가장 위험하다

10여 년 전, 나는 수천만 원 사기를 당했다. 그것도 내가 좋아하던 고객에게서였다.

지금 돌아보면, 그때 나는 거만했다. "부동산이나 금융 투자 쪽으로 경험이 많은 나에게 설마 사기를 치겠어?" 내 판단과 경험을 믿어 의심치 않았고, 그 교만함이 나를 무너뜨렸다.

그 고객은 평소 나를 많이 신뢰해 주는 분이었다. 몇 년간 좋은 관계를 유지해 왔고, 나 역시 그분을 믿고 있었다. 그래서 그가 "좋은 투자 기회가 있다"고 했을 때 쉽게 넘어갔다.

"선생님 같은 분이면 이런 기회를 놓치면 안 되죠. 저도 큰 금액을 투자할 예정입니다."라는 그의 말만 믿고, 거액을 손쉽게 내어줬다.

그 당시 꽤 높은 성과를 내고 있던 시기였다. 자신감도 있었고, 금융 상품에 대한 지식도 어느 정도 쌓여 있다고 생각했다. 그래서 별다른 검증 없이 투자했다.

몇 달 후 그 투자처가 사기였다는 사실을 알게 되었다. 그도 피해자였지만, 결과적으로 나는 큰 손실을 보았다. 그때의 충격과 자책감은 이루 말할 수 없었다.

보기 좋게 사기를 당한 뒤에야 깨달았다. 자신이 똑똑하다고 과신하는 순간이 가장 위험하다는 것을.

그 사건 이후로는 지금까지 사기를 당하지 않았다. 이제는 내 생각과 판단이 틀릴 수 있다고 믿기 때문이다. 그래서 더 많이 알아보고, 주변의 의견을 경청하고, 시간을 두고 신중하게 판단한다.

투자나 계약을 앞두고 있을 때는 반드시 여러 사람의 의견을 구한다. 아무리 좋아 보이는 기회라도 최소 일주일은 시간을 두고 검토한다. 감정적으로 판단하지 않고, 냉정하게 분석하려 노력한다.

가장 중요한 변화는 마음가짐이었다. "내가 틀릴 수 있다"는 전제로 모든 판단을 한다. 아무리 확신이 서도 "혹시 놓친 게 있을까?"라고 생각하며 다시 한번 두들겨 본다.

사회 고위층이나 학벌이 높은 사람들이 사기를 당하는 이야기를 종종 듣는다. 그들에게도 은연중 이런 생각이 있다.

"내 판단이 틀릴 리 없지."

의사, 변호사, 대학교수, 대기업 임원. 사회적으로 성공한 사람들이 오히려 큰 사기에 당하는 경우가 많다. 왜일까? 자기 능력을 과신하기 때문이다.

평생 공부를 잘했고, 좋은 직업을 가졌고, 사회적으로 인정받는 위치에 있다 보니 "똑똑한 나를 속일 순 없다"라고 생각하게 된다. 실상은 본인 일 외에는 잘 모르는 경우가 많다. 그래서 누군가 접근해서 그럴듯한 이야기를 하면 쉽게 넘어간다.

반면 자신이 잘 모른다고 생각하는 사람들은 오히려 조심스럽다. "나는 잘 모르니까 여러 명에게 물어봐야지", "전문가에게 자문을 구해야지" 하면서 신중하게 접근한다.

세일즈를 하면서도 비슷한 경험을 한다. 자신이 전문직에 종사하고 금융을 잘 알고 있다고 생각하는 사람일수록 고객으로 모시기 어렵다. 자신의 판단에 확신을 두고 있어서 다른 의견을 잘 받아들이지 않기 때문이다.

반면 "저는 이런 건 잘 몰라서요"라고 겸손하게 말하는 고객들은 오히려 더 현명한 결정을 내리는 경우가 많다. 충분히 듣고, 비교하고, 검토한 후에 결정한다.

똑똑하다고 생각하는 그 순간, 바로 그때가 가장 위험하다.
내가 아는 것보다 모르는 것이 훨씬 많다는 걸 인정하라. 내 판단이 틀릴 수 있다는 가능성을 항상 열어두어라. 그래야 진짜 함정에 빠지지 않을 수 있다.

자신이 똑똑하고 현명하다고 생각하는 사람일수록,
실패할 확률과 사기당할 확률이 높아진다.

부자가 가장 자주 사용하는 기술

009

세일즈를 하면서 만난 많은 부자에게는 한 가지 공통점이 있었다. 한 고객은 자산이 수백억인 분이었는데, 작은 일에도 "고맙습니다"를 입에 달고 사셨다. 차 한 잔을 대접해도 "이렇게 좋은 차를 마실 수 있어서 감사합니다"라고 하셨다. 처음에는 그냥 예의상 하는 말인 줄 알았다.

하지만 시간이 지나면서 그분의 진심을 알게 되었다. 정말로 작은 것에도 감사하는 마음을 가지고 있었다. 그리고 그런 태도 때문에 주변에 좋은 사람들이 모였고, 좋은 기회들도 계속 찾아왔다.

반면 불평이 많은 고객들도 있었다. 경제적으로는 넉넉한 분들이었지만, 항상 뭔가 불만이 있었다. "요즘 세상이 왜 이렇게 각박해졌는지", "사람들이 예전만 못해"라는 말을 자주 하셨다.

신기한 건 이런 분들 주변에는 정말로 불쾌한 일들이 자주 일어났다. 사기를 당하거나, 배신을 당하거나, 사업에서 문제가 생기는 일이 반복되었다.

운전을 하다가 가벼운 접촉 사고를 당해 본 적이 있을 것이다. 당황스럽고 짜증이 밀려오는 상황이다.

이럴 때 사람들은 두 가지로 나뉜다. 누군가는 "큰 사고가 아니라서 다행이다. 감사하다."라고 생각한다. 반면, 누군가는 "재수 없게 왜 나에게 이런 일이 생겨?"라고 생각한다.

만약 당신이 교통사고 처리에 도움을 줄 수 있는 사람이라면, 어떤 사람을 먼저 돕고 싶은가? 같은 상황에서도 한쪽은 불평하고, 한쪽은 감사한다. 당신은 어떤 사람에게 더 가까이 다가가고 싶겠는가?

나 역시 예전에는 성과가 안 나오면 '왜 나만 이럴까?'라고 불만을 앞세웠던 적이 있다.

하지만 어느 순간부터 생각을 바꿨다. 성과가 안 나와도 '더 나은 방법을 배울 기회다'라고 생각하고, 고객이 거절해도 '내 설명이 부족했구나. 다음에는 더 잘 해보자'라고 받아들였다.

그러자 신기한 일이 일어났다. 같은 상황인데도 스트레스가 줄어들었다. 그리고 그런 마음가짐이 고객들에게도 전달되었는지, 오히려 더 좋은 반응을 얻기 시작했다.

감사하는 사람은, 결국 더 많은 것을 얻는다. 불평하는 사람에게는 더 많은 불평거리가 생기고, 감사하는 사람에게는 더 많은 감사할 일이 찾아온다.

이것은 단순한 긍정적 사고가 아니다. 감사하는 마음이 실제로 행동을 바꾸고, 그 행동이 결과를 바꾼다. 감사하는 사람은 다른 사람을 더 배려하게 되고, 그래서 더 좋은 관계를 맺는다. 좋은 관계는 좋은 기회로 이어진다.

오늘 하루를 돌아보자. 불평할 거리가 먼저 보이는가, 감사할 거리가 먼저 보이는가?

아침에 눈을 뜰 수 있어서, 따뜻한 물로 세수할 수 있어서, 맛있는 음식을 먹을 수 있어서 감사할 수 있다면, 정말 작은 것들이지만 이런 감사가 쌓이면서 삶 전체가 달라진다.

행복은 존재하는 것이 아니다.
행복은 언제, 어디서든 만들어 낼 수 있다.

부의 흐름을 타는 사람들은,
행복 또한 스스로 만들어 낸다.
그들이 가장 자주 사용하는 기술은 '감사하기'다.

옳은 말이
옳지 않을 때가 있다

010

우리는 종종 말로 누군가를 바꾸려고 한다. 논리와 사실을 내세우며, "나는 옳다"는 것을 증명하려 한다. 마치 정답을 맞히면 상대방이 자동으로 변할 것이라는 착각에 빠진다.

하지만 옳다고 해서 다 좋은 것은 아니다. 칼이 날카롭다고 해서 모든 상황에 칼을 휘두르지 않는 것처럼, 옳은 말도 때와 장소를 가려서 해야 한다.

뚱뚱한 사람은 이미 자신이 뚱뚱하다는 걸 안다. 굳이 누군가가 상기시켜 줄 필요가 없다. 그 순간 필요한 건 사실 확인이 아니라 있는 그대로를 바라봐 주는 것이다. 옳은 말이 오히려 상처가 되기 때문이다.

하지만 대화는 논쟁이 아니다. 진짜 대화는 마음을 이어주는 일이다. 상대가 지금 어떤 상태에 있는지, 무엇을 필요로 하는지를 먼저 이해해야 한다.

상대가 힘들어할 때, "너도 잘못했잖아"보다는 "많이 힘들었겠다"는 한마디가 더 큰 힘이 된다. 전자는 사실일 수 있지만, 후자는 마음을 움직인다.

사실을 말하는 것과 필요한 말을 하는 것은 다르다. 사실은 머리로 이해되지만, 필요한 말은 마음으로 받아들여진다. 상대방이 지금 무엇을 듣고 싶어 하는지, 무엇이 도움이 될지를 먼저 생각해야 한다.

그건 기술이 아니라 마음의 태도다. 내가 옳다는 것을 증명하려는 마음이 아니라, 상대방을 진심으로 이해하려는 마음에서 나오는 말이다.

옳은 말을 하고 싶은 욕구는 대부분 자기만족에서 나온다. '내가 맞다'를 확인받고 싶고, '내가 똑똑하다'를 인정받고 싶어 한다. 하지만 진짜 소통은 내가 돋보이려는 순간이 아니라, 상대방을 먼저 생각하는 순간에 일어난다.

'옳은 말'은 정답일 수 있지만, 때론 상대의 마음에 와닿지 않는다. 정답이 항상 정답은 아니다. 사람 사이의 말은, 정보가 아니라 온기로 전달되어야 한다. 그래야 서로가 연결된다. 그래야 진짜 대화가 시작된다.

말의 목적이 상대방을 이기는 것인지, 아니면 상대방을 돕는 것인지를 항상 생각해야 한다. 전자는 관계를 망가뜨리고, 후자는 관계를 단단하게 만든다.

때로는 침묵이 가장 옳은 대답이 된다. 때로는 "그럴 수도 있겠네"라는 한마디 공감이 백 마디 논리보다 더 큰 힘을 낸다. 상대방의 마음을 헤아리는 것, 그것이 진짜 소통의 시작이다.

옳은 말이 항상 옳은 결과를 가져오는 것은 아니다.

뚱뚱한 사람에게 '뚱뚱하다'고 말하는 것은 사실일 수 있지만,
그 말이 좋은 영향을 주지는 않는다.

중요한 것은 '옳은 말'이 아니라,
상대가 '필요로 하는 말'을 건넬 줄 아는 것이다.

말하지 말고, 들어라

011

우리는 종종 정답을 제시하려다, 상대의 말을 끝까지 듣지 못한다. 상대방이 말을 시작하자마자 머릿속에서는 이미 답을 준비하고 있다. "아, 이 문제구나. 이럴 때는 이렇게 하면 돼." 그러고는 상대방의 말이 끝나기도 전에 해결책을 쏟아낸다.

하지만 대부분의 사람은 해결책보다 공감을 원한다. 문제를 해결 받고 싶어서가 아니라, 자신의 마음을 알아달라고 말하는 경우가 더 많다. 우리가 해결책을 급하게 제시할 때, 상대방은 오히려 더 답답함을 느낀다.

나이가 많고 경력이 길수록 조언하고 싶은 욕구가 강해진다. '내가 겪어봤으니까 안다'는 확신이 생긴다. 하지만 그 확신이 때로는 상대방과의 거리를 만든다. 10년 전의 경험이 지금 상황에 맞지 않을 수도 있고, 내게 맞던 방법이 상대방에게는 맞지 않을 수도 있다.

사람의 생각과 행동에는 저마다의 이유가 있다. 겉으로 보기에는 비합리적이고 이상해 보이는 선택도, 그 사람의 입장에서는 나름의 이유와 논리가 있다. 그 이유를 들여다보려는 태도가 신뢰를 만들고, 관계를 깊게 만든다.

들어주는 것만으로도 상대방은 위안을 받는다. 내 이야기를 끝까지 들어주는 사람이 있다는 것 자체가 큰 힘이 된다. 경청은 단순한 예의가 아니다. "당신은 소중한 존재입니다"라는 무언의 메시지다.

조언은 칼과 같다. 제대로 쓰면 도움이 되지만, 잘못 쓰면 상처가 된다. 날카로운 조언은 때론 도움이 되지만, 그것이 일방적으로 전달되면 부담이 되기 쉽다. 상대방이 원하지도 않는 조언을 받으면 오히려 관계가 어색해진다.

듣는 것은 참을성이 필요한 일이다. 답답해도 끝까지 들어야 하고, 내 생각과 달라도 이해하려고 노력해야 한다. 참을성이 관계를 단단하게 만든다.

대다수 사람들은 상대방의 이야기를 듣기보다는 본인의 이야기를 더 말하고 싶어 한다. 그래서 자신의 이야기를 들어줄 사람을 찾는다. 말 잘하는 사람보다 잘 들어주는 사람이 더 인기가 있는 이유다.

이야기를 들어준다는 것은, 이해받는다고 느끼게 하고, 이해받는다는 것은 혼자가 아니라는 느낌을 준다. 세상에서 나를 이해해 주는 사람이 있다는 것만으로도 삶이 견딜 만해진다.

나이가 많다고, 경력이 길다고 해서
그들의 생각이 언제나 옳은 결과를 만드는 것은 아니다.
오히려 이해와 공감이 수백 마디의 조언을 뛰어넘는다.

걱정은
딱 한 번이면 충분하다

티베트 속담 중에 이런 글이 있다.

"걱정을 해서 걱정이 없어지면 걱정이 없겠네."

참 공감되는 글이다.

누구나 걱정을 안고 산다지만, 나는 유독 걱정과 불안감이 많은 사람이다. 특히 중요한 상담이나 강의를 앞둔 날에는 걱정이 점점 커져 잠을 이루지 못했다.

'내일 상담이 잘될까?'

'고객이 내 제안을 받아들일까?'

'강의에서 실수하면 어떡하지?'

이런 생각들이 꼬리에 꼬리를 물고 이어졌다. 잠을 제대로 이루지 못했으니 얼굴은 피로해 보였고, 이런 피로한 모습을 상대방에게 보이지 않으려 더 애쓰다 보니 집중도가 분산되어 일을 제대로 할 수 없는 악순환이 이어졌다.

어느 날 우연히 TV를 보는데, 한 유치원에서 아이들이 잘못된 행동을 했을 때 '생각 의자'에 앉아 자신의 행동을 돌아보고 반성할 시간을 갖도록 하는 교육 방법을 보게 되었다.
'의도적으로 시공간을 분리하는 교육 방법이 효과가 있다면, 나에게도 이런 방법을 적용하면 좋을 것 같은데?'
그 이후 나만의 규칙을 만들었다.
걱정거리가 생기면 최대한 짧은 시간 내에 생각을 마무리한다.
딱 5분. 그 시간 동안은 마음껏 걱정하되, 5분이 지나면 과감히 걱정을 멈춘다.
그리고 의도적으로 이렇게 되뇐다.
"내가 최선을 다했으니 좋은 결과가 있을 거야."
처음에는 어색했다. 걱정이 계속 머릿속을 맴돌았다. 하지만 계속 연습하다 보니 조금씩 효과가 나타나기 시작했다.
중요한 건, 걱정을 완전히 없앨 수는 없다는 것이다. 걱정은 인간의 본능이니까. 하지만 걱정을 통제할 수는 있었다.

얼마 전, 중요한 프레젠테이션을 앞두고 있던 후배가 찾아왔다.
"선배님, 실수할까 봐 너무 떨려서 잠도 못 자겠어요."

나는 후배에게 내 방법을 알려주었다.
"그럼 딱 5분만 더 걱정해. 그리고 나머지 시간에는 이 말을 계속해."

"모든 일이 잘 되어가고 있다."

이 말을 중얼중얼 주문처럼 외우라고 했다.
며칠 후, 후배에게서 연락이 왔다.
"선배님, 프레젠테이션 대박이었어요! 그 주문을 외운 이후, 신기하게도 마음이 엄청 편해졌어요!"
지금 당신도 무언가 때문에 걱정이 태산이라면, 딱 한 번만 걱정하고 나머지는 내려놓아라.
그리고 이 말을 주문처럼 외워라.
"모든 일이 잘 되어가고 있다."

인간의 뇌는 본능적으로
'걱정'이라는 부정적 생각을 통해
예상치 못한 상황에 대비하려 한다.

하지만, 걱정이 과도해지면
도리어 당신의 발목을 잡는다.

딱 한 번만 걱정하라.
그리고 나머지는 과감히 내려놓아라.
걱정은 대비할 때까지만 필요하다.
그 이상은 스스로를 무너뜨릴 뿐이다.

여유는 통장에서 나오지 않는다

고객을 여러 번 만나고 최선을 다해 준비했음에도 불구하고 성과를 내지 못하는 경우는 빈번히 발생한다.

예전에는 고객으로부터 거절을 받으면 그동안 들인 나의 시간과 노력이 아까워 화가 났다.

'이렇게 준비했는데 왜 안 되는 거야?'

'내가 뭘 잘못한 거야?'

아쉬움과 분노가 먼저 올라왔다.

물론 지금도 과거와 같은 거절을 받는다. 하지만 지금은 부정적 감정보다는 고객에게 연민을 느끼게 된다.

'아, 이분도 여러 고민이 있으시구나.'

'지금은 타이밍이 아닌가 보다.'

과거보다 내 마음에 여유가 생긴 것이다.

재정적 안정으로 인해 마음의 여유가 생겼을 수도 있다. 하지만 그것이 절대적인 기준은 아니다. 돈이 많아도 여전히 예민하고 화를 잘 내는 사람들을 많이 봤으니까.

생각해 보니, 변화의 시점은 분명했다. 내가 지금 가진 것들에 감사하기 시작한 때부터였다. 건강한 몸, 함께하는 가족과 동료, 믿어주는 고객들. 이런 것들이 얼마나 소중한지 깨달으면서 마음에 여유가 생겼다.

또한 상대방의 상황을 먼저 이해하려는 마음이 커졌음을 느낀다. 고객이 거절하는 이유도 나름의 사정이 있을 것이고, 지금 당장은 아니어도 언젠가는 기회가 있을 거라고 생각하게 되었다.

결국, 내가 여유가 있다는 생각이 나를 진짜 여유롭게 만든 것이다.

통장에 수십억이 있으면 여유로워질 것 같지만, 사실은 그 반대다. 여유로운 마음이 먼저 있어야 진짜 부자가 될 수 있다.

상황을 가볍게 받아들이고, 자신을 무겁게 짓누르지 마라.

모든 것은 결국 당신의 '생각'에 달려 있다.

당신의 통장에 수십억 원이 있다고 상상해 보자.
앞차가 끼어들어도, 상사가 꾸짖어도,
고객이 불만을 쏟아내도
그 상황을 웃으며 넘길 수 있을 것이다.

왜일까?
돈이 있어서가 아니라,
그만큼 마음이 여유롭기 때문이다.

여유는 통장에서 나오지 않는다.
마음을 조이는 건 상황이 아니라,
그 상황을 받아들이는 '생각'이다.

결국, 당신을 무겁게 짓누르는 것도
가볍게 풀어주는 것도
당신의 '생각'이다.

지식은 머리에, 깨달음은 삶에 남는다

'아는 것'과 '깨닫는 것'은 비슷해 보일 수 있지만 아주 큰 차이다. 단순히 아는 것만으로는 삶에 변화가 일어나지 않는다.

'운동을 하면 건강에 좋다.'
'책을 많이 읽으면 똑똑해진다.'
'꾸준히 하는 것이 중요하다.'

누구나 아는 명제다. 하지만 운동을 하고 책 읽기를 실천하는 사람은 많지 않다. 왜일까? 아는 것과 깨닫는 것 사이에는 '경험'이라는 다리가 있기 때문이다.

몇 년 전 한 후배가 나에게 물었다.

"선배님, 세일즈 비법 좀 알려주세요."

나는 그동안 정리해둔 노하우들을 차근차근 설명해 주었다.
"알겠습니다! 바로 실천해 보겠습니다."
그 후배는 열심히 메모하며 고개를 끄덕였다.
하지만 몇 달 후 그 후배는 여전히 같은 자리에 있었다. 열심히 했지만 성과는 나지 않았다. 그가 다시 찾아와 물었다.
"왜 안 될까요?"
그제야 깨달았다. 내가 알려준 것들은 모두 '지식'이었다. 하지만 그에게 필요한 건 '깨달음'이었다.
수천 번의 거절을 당하고, 수백 번의 실패를 겪고, 몇 년의 시간이 흐른 후에야 나도 깨달았던 것들은 단순히 말로 전달할 수 없는, 그 무엇이었다.
깨달음을 얻기 위해서는 어떻게 해야 할까?
건강을 얻고자 운동하지 말고, 그냥 운동을 해보고, 똑똑해지기 위해 책을 읽지 말고, 그냥 책을 읽어봐야 한다.
마찬가지로 성공하기 위해 노력하지 말고, 그냥 매 순간 최선을 다해보라. 목적을 내려놓고 행동할 때, 비로소 진짜 경험이 쌓인다. 그 경험 속에서 깨달음이 온다.

나 역시 처음에는 '성공하겠다', '돈을 벌겠다'는 목적으로 세일즈를 시작했다. 하지만 그런 목적들이 오히려 진짜 중요한 것들을 보지 못하게 한다는 것을 알게 되었다.

언젠가부터는 '그냥' 했다. 오늘 만날 고객에게 최선을 다하고, 내일 할 일을 성실히 하고, 작은 것에도 감사하며 살았다.

그러다 보니 알게 되었다. 내가 찾던 것들은 이미 내 주변에 있었다. 그리고 그것을 깨달았을 때 행동의 변화가 시작되고, 그로 인해 삶이 풍요로워졌다. 그냥 단지 아는 것과는 비교가 될 수 없다.

지금 당신 주변에는 당신이 찾고 있는 것들이 이미 많을 것이다. 하지만 그것을 찾게 되기까지는 조금 더 시간이 필요할지도 모른다.

그래도 괜찮다. 아는 것에서 시작해서 깨닫는 것으로 나아가는 과정 자체가 소중한 여행이니까.

단순히 아는 것을 더 얻기 위한 노력에 그치지 말고, 깨닫기 위한 과정을 지금 당장 시작해 보자. 막상 해보면, 생각보다 훨씬 더 재미있는 결과가 보일 것이다.

지식은 진실을 말하지만,
깨달음은 그 진실을 견디게 한다.

공백을 채우는 뇌의 마술

015

'공백이 있어야 채울 수 있다.'

누군가 내게 해준 이 말이 내 삶을 바꿨다.

그전까지 나는 항상 시간적 공백을 두지 않았다. 닥치는 대로 채우려고만 했다. 일정표는 빽빽했고, 쉬는 시간조차 뭔가 '생산적인' 일로 채웠다.

그래서 불필요한 것들을 필요한 것처럼 채워 넣었다. 중요하지 않은 미팅, 별로 도움 안 되는 세미나, 그냥 하는 인맥 관리. 공백이 없으니 정작 필요한 것을 채워야 할 때는 항상 부족함을 느꼈다.

어느 날, 의도적으로 시간적 공백을 만들어 보았다.

공백 뒤에는 불안함과 지루함이 밀려들었다. '내가 지금 이 시간을 이렇게 낭비하고 있어도 되나?' 공백을 낭비라고 생각했던 나였지만,

며칠만 그 지루함을 견뎌보기로 했다.

처음에는 아무것도 떠오르지 않았다. 그냥 멍하니 앉아 있었다. 창밖을 보거나, 천장을 바라보거나, 아무 생각 없이 시간을 보냈다.

그런데 신기한 일이 벌어졌다.

며칠째 그런 시간을 보내고 있는 중, 갑자기 참신한 아이디어가 떠올랐다. 세일즈를 하면서 고민했던 문제의 해답이 문득 생각난 것이다.

"아, 이 고객에게는 이런 식으로 접근하면 되겠구나."

"이 상품의 장점을 이렇게 설명하면 더 와닿겠네."

세일즈에서 좋은 성과를 내려면 같은 조건의 상품을 특별하게 보이게 하는 능력이 있어야 한다. 쉽지 않지만, 최고의 세일즈맨들은 다 이런 능력을 갖춘 사람들이다.

나도 지금은 이런 능력을 갖추고 세일즈를 하고 있다. 어떻게 이런 능력을 장착했는지 물어본다면, 나는 '공백의 힘'이라고 대답한다.

시간을 낭비하고 있다고 생각할 정도로 아무것도 안 하고 있을 때 수많은 세일즈 아이디어가 떠올랐다. 과연 내가 생각해 낸 아이디어가 맞나 싶을 정도였다.

뇌는 공백을 견디지 못한다고 한다. 빈 공간이 있으면 반드시 뭔가로 채우려 한다. 평소에 바쁘게 돌아다닐 때는 그저 일상의 잡념들로 가득하지만, 의도적으로 공백을 만들어 주면 뇌는 더 창의적인 것들을 만들어 낸다.

가만히 앉아 있을 때 갑자기 오래된 기억이 떠오르거나, 해결되지 않던 문제의 답이 생각나거나, 전혀 연관 없어 보이던 것들이 연결되는 경험을 한 적이 있을 것이다. 그게 바로 뇌가 공백을 채우려는 작업이다.

내가 인지하지 못한 나의 잠재력이 공백을 채우기 위해 마술을 부린 것이다.

그 이후 나는 아무리 바빠도, 공백을 만들기 위해 노력한다. 일주일에 몇 시간은 의도적으로 아무것도 하지 않는 시간을 만든다.

처음에는 불안하다. 이 시간에 뭔가 생산적인 일을 해야 하는 건 아닌가 하는 생각이 든다. 하지만 그 불안함을 견디고 기다리면, 어김없이 새로운 아이디어가 찾아온다.

지루한 시간을 두려워하지 마라.

그 지루함 뒤에 당신만의 창의적 해답이 숨어 있다.

위대한 아이디어는 바쁜 일상 속에서가 아니라, 아무것도 하지 않는 공백 속에서 시작된다.

지루한 시간은 낭비가 아니다.
뇌는 그 공백을 채우기 위해
새로운 것을 만들어 낸다.

위대한 아이디어는 그렇게 시작된다.

3장

오늘의 나를 만드는 아주 작은 반복들

실력이 되는 태도, 운이 되는 습관

지금 당장
부가가치를 만들어라

016

누군가 시키는 일만 하며 살아간다면, 당신은 언제든 대체될 수 있는 사람일 뿐이다.

편할 수는 있다. 생각할 필요도, 고민할 필요도 없다. 하지만 그 대가는 잔인하다.

당신이 나이를 먹고 쇠약해지는 순간, 당신을 대신할 사람은 얼마든지 있다.

20년, 30년 한 회사에서 성실하게 일했던 분들이 정년을 앞두고 불안해하는 모습, 평생 해온 일 외에는 다른 걸 할 줄 모른다며 걱정하는 모습, 주변을 보면 이런 현실을 자주 목격하게 된다.

반면 자신만의 가치를 만들어 온 사람들은 다르다. 나이가 들어도 여전히 필요한 사람으로 인정받는다. 오히려 경험이 쌓일수록 더 귀한 존재가 된다.

나는 3년 전, 십수 년간 세일즈를 하면서 느낀 내 생각과 실전 경험을 엮어 《위대한 세일즈맨의 원칙》을 출간했다. 출간 이후 더 많은 강의를 하게 되었고, 더 다양한 고객들을 만날 감사한 기회가 주어졌다. 무엇보다도, 책을 읽고 감동적인 리뷰와 피드백을 보내준 독자들 덕분에, 내 삶은 책을 쓰기 전과 후로 완전히 나뉘었다.

처음에는 작은 시작이었다. 고객과의 상담 과정에서 느낀 점들을 메모하기 시작했다. 어떤 접근이 효과적이었는지, 어떤 실수를 반복하지 말아야 하는지, 고객들이 진짜로 원하는 것은 무엇인지.

그러다 보니 나만의 노하우가 쌓였다. 다른 사람들도 이런 경험을 궁금해할 것 같아서 정리해 보기 시작했다. 시간은 오래 걸렸지만, 그 과정에서 내 생각도 더 명확해졌다.

책 출간이 나의 주업은 아니지만, 삶의 부가가치를 창출하기에는 충분했다.

예전에는 '주 훈'이라는 이름 옆에 '세일즈맨'이라는 수식어만 붙었다면, 이제는 '15년 세일즈 노하우를 책으로 쓴 작가', '강의를 잘하는 세일즈맨'으로도 인식된다. 같은 사람이지만 다른 차원의 가치를 인정받게 되었다.

그뿐만 아니라 새로운 기회들도 생겼다. 강의 요청이 들어오는 것은 물론, 다른 책 출간 제안도 받아 이번 책을 집필하고 있고, 세 번째 책까지 출간을 기다리고 있다. 미디어 인터뷰 기회도 생겼다. 세일즈만 했다면 절대 경험할 수 없었던 일들이다.

부가가치는 더 빠른 지름길을 찾는 것이 아니다. 새로운 길을 만드는 것이다.

많은 사람들이 기존의 길에서 더 빨리 가려고만 한다. 남보다 더 열심히, 더 빨리, 더 효율적으로. 하지만 그 길에는 이미 수많은 사람들이 있다. 아무리 빨리 가도 앞서간 사람들을 따라잡기 어렵다.

하지만 새로운 길을 만들면 다르다. 그 길에서는 당신이 선두 주자가 된다. 다른 사람들이 따라오려 해도, 당신에게는 이미 경험과 노하우가 쌓여 있다.

길이 막혔다 해도, 스스로 길을 만들면 된다.

지금 당신이 하는 일에서 어떤 새로운 가치를 만들 수 있을까? 당신만의 경험과 노하우를 어떻게 다른 형태로 만들어 낼 수 있을까?

글을 쓸 수도 있고, 강의를 할 수도, 컨설팅을 할 수도 있다. 온라인 콘텐츠를 만들 수도 있고, 새로운 서비스를 개발할 수도 있다. 형태는 중요하지 않다. 중요한 건 시작하는 것이다.

시간이 오래 걸리더라도, 스스로 가치를 창출하는 삶을 반드시 준비해라. 그 길을 만든 사람이, 결국 누구도 대체할 수 없는 사람이 된다.

스스로 부가가치를 만들지 못하면,
결국, 부가가치를 만드는 누군가에게 종속될 수밖에 없다.
작더라도, 스스로 가치를 창출하는 삶을 준비하라.

결승선은
멈추지 않는 사람의 것이다

나는 달리기를 좋아한다.

그러다 보니, 마라톤 대회까지 나가게 되었다. 수많은 훈련 끝에 마라톤 풀코스를 도전했을 때의 일이다.

마라톤 풀코스(42.195km)를 완주하려면, 최소 6개월에서 1년은 훈련해야 한다. 하지만 훈련을 했다 해도, 4~5시간을 쉬지 않고 달리는 것은 결코 쉬운 일이 아니다.

10km를 지나면 하나둘 걸어가는 참가자들이 보인다. 20km를 지나면, 길에 주저앉거나 고통스러워하는 사람들도 속출한다. 30km를 넘어서면, 더 이상 나아가기 힘든 상태가 된다. 주변을 볼 여유도, 다리를 들어 올릴 힘도 없다.

당시 나는 속으로 이렇게 외쳤다.

'나는 할 수 있다. 절대 포기하지 말자. 잘하고 있다. 한 걸음만 더 가자.'

그렇게 중얼거리며 뛰다 보니, 어느새 저 멀리 Finish Line이 보였다. 사막의 오아시스처럼 아른거리는 느낌이었다. 많은 사람들의 환호와 응원 소리가 들린 순간, 나는 결승선을 통과했다는 것을 알았다.

선을 넘자마자 다리가 풀려 그대로 주저앉았다. 바닥에 누워 숨을 몰아쉬며, 온몸이 고통에 휩싸인 채 하늘을 바라봤다.

그제야 깨달았다.

결승선을 밟은 사람들은, 더 잘 달린 사람이 아니라 끝까지 달린 사람이었다.

세일즈 또한 마라톤과 같다. 처음 3년 차쯤 되었을 때가 가장 힘들었다. 초보 티는 벗었지만, 아직 전문가라고 할 수도 없는 애매한 시기였다. 성과는 나오지 않고, 스트레스만 쌓여갔다.

그때 정말 그만두고 싶었다. 주변에서도 "다른 일을 찾아보는 게 어떻겠냐"는 말을 들었다. 나 자신도 "내가 이 일에 맞지 않는 건 아닐까?" 하는 생각이 머릿속을 꽉 채웠다.

하지만 멈추지 않았다. 그냥 하루하루를 버텼다. 오늘 하루만 더, 이번 주만 더, 이번 달만 더. 그렇게 버티다 보니 지금까지 오게 된 것이다.

5년 차로 넘어가는 시기에도 또 다른 고비가 있었다. 어느 정도 안정적인 성과는 내고 있었지만, 더 큰 발전이 보이지 않았다. 정체된 것 같았다.

다시 한번 그만둘까 하는 생각이 들었다. 하지만 이번에도 멈추지 않았다. 새로운 방법을 찾아보고, 다른 접근을 시도해 봤다.

10년 차가 되니 또 다른 벽에 부딪혔다. 이번에는 체력적인 한계였다. 예전만큼 활동적이지 못했고, 기억력도 예전 같지 않았다.

하지만 이번에도 포기하지 않았다. 체력의 한계는 경험으로 보완했고, 기억력의 부족은 더 체계적인 기록으로 대체했다.

그렇게 17년이 지났다. 돌이켜보니 매 순간이 고비였다. 매번 포기하고 싶었다. 하지만 멈추지 않고 계속 갔다.

지금 당신도 어떤 고비를 겪고 있다면, 포기하고 싶은 마음이 들 수도 있다. 주변에서 "그만하라"고 말할 수도 있다.

하지만 기억하라. 결승선을 밟는 사람들은 특별한 재능을 가진 사람들이 아니다. 그냥 끝까지 멈추지 않은 사람들이다.

살면서 포기하고 싶을 때가 올 때마다 나는 떠올린다.

결승선은, 멈추지 않는 사람의 것이다.

지금, 이 순간의 고통은 일시적이지만 포기는 영원하다. 한 걸음씩, 천천히라도 계속 나아가야 하는 이유다.

달리다 보면,
수많은 고비가 찾아온다.
때로는 그 고비를 넘지 못하고 주저앉기도 한다.
하지만 멈추지 않는 한,
고비는 결국 더 단단한 힘이 된다.
넘지 못한 순간도, 주저앉았던 순간도,
결국 앞으로 나아가는 과정이 된다.

직접 뛰어본 사람만이,
그 가치를 안다

018

마라톤을 시작하기 전에는, 이 경기가 그저 지루한 경기라고 생각했다. 하지만 이제는 안다.
왜 마라톤을 올림픽의 '꽃'이라 부르는지를. 왜 마라토너들이 위대한지를.
달리면 달릴수록, 그들이 얼마나 치열한 시간을 견뎌왔는지가 보인다.
TV로 볼 때는 단순해 보였다. 그냥 달리기만 하는 것 아닌가? 하지만 직접 해보니 전혀 달랐다. 10km를 넘어서면서부터 시작되는 고통, 20km에서 찾아오는 절망감, 30km를 넘어서면서 경험하는 극한의 상황.
그 과정을 견뎌낸 사람만이 결승선을 볼 수 있다는 걸 알게 되었다.

마라토너들의 그 단단한 눈빛이 어디서 나오는지, 왜 그들이 존경받는지 이제야 이해가 된다.

성공한 회사의 대표들, 자수성가한 고객들을 만나다 보면, 그들은 종종 이렇게 말한다.

"운이 좋았어요."

하지만 나는 안다. 그들이 견뎌온 시간들을. 남들이 감당하지 못한 과정을 지나왔기에, 그 자리에 설 수 있었다는 것을.

한 고객은 지금 수백억 자산을 가진 분이지만, 20대에는 노점상을 했다고 하셨다. 새벽 4시에 일어나서 시장에서 물건을 떼다가 길거리에서 팔았다고. 비 오는 날에도, 눈 오는 날에도 나가셨다고 했다.

또 다른 고객은 현재 대기업 임원이지만, 고등학교 때부터 아르바이트를 하며 학비를 벌었다고 하셨다. 대학 4년 내내 새벽에 잡부로 일을 하면서 공부했다고. 잠은 하루 4시간도 못 잤다고 했다.

이런 이야기를 들을 때마다 느낀다. 그들의 "운이 좋았다"는 말이 얼마나 겸손한 표현인지를. 사실은 남들이 견디지 못할 시간들을 견뎌낸 것인데, 그들은 단지 '운'이라는 겸손한 단어로 자신의 노력을 드러내지 않을 뿐이다.

어느덧 내 나이도 40대 후반이 되었다. 대학을 졸업하고 무일푼으로 사회에 첫발을 내디딘 지 20년. 돌이켜보면 누구보다 치열하게 살아왔고, 셀 수도 없는 힘든 시기를 버텨왔다.

첫 직장에서 받았던 월급으로는 원룸 월세도 제대로 내기 어려웠다. 끼니는 매번 저렴하게 해결해야 했고, 교통비조차 아끼려고 수없이 걸어 다녔다. 세일즈를 시작한 후에도 몇 년간은 불안정한 수입 때문에 스트레스가 심했다.

하지만 그 모든 과정이 지금의 나를 만들어 주었다. 어려웠던 시절을 겪어봤기 때문에 지금의 안정이 얼마나 소중한지 안다. 거절당하는 아픔을 많이 겪어봤기 때문에 고객의 마음을 더 잘 이해할 수 있다.

그래서 지금 내가 누리고 있는 것들이 자랑스럽고 감사하다. 남들이 부러워할 정도의 엄청난 부를 가진 것은 아니지만, 가족을 건사할 수 있고, 누군가에게 아쉬운 소리를 하지 않는 것만으로도 나는 충분하다.

20대의 나에게 지금의 모습을 보여준다면 아마 놀랄 것이다. 그때는 이런 삶이 가능할 거라고 생각하지 못했으니까. 하지만 매일매일 조금씩 쌓아온 경험들이 지금의 결과를 만들어 냈다.

나이를 먹으며 점점 깨닫는다. 모든 경험이 결국, 가장 큰 자산이라는 것을.

젊을 때는 힘든 경험을 피하고 싶어 했다. 쉬운 길, 편한 길을 찾으려 했다. 하지만 이제는 그 힘든 경험들이야말로 지금의 나를 만든 가장 소중한 자산이라는 것을 안다.

뛰어보면 알게 된다. 올라가 보면 보인다. 직접 경험해 보면 깨닫게 된다.

그 경험들이 언젠가 당신만의 무기가 될 것이다. 직접 경험해본 사람만이 알 수 있는 가치가 그곳에 있다.

뛰어보면 알게 된다.
마라토너가 왜 위대한지를.

올라가 보면 보인다.
성공한 사람들이 무엇을 견뎌왔는지를.

직접 경험해 보면 깨닫게 된다.
모든 경험이 가장 큰 자산이라는 것을

하나를 완벽하게
전달하는 사람이 성공한다

019

무형 자산을 파는 세일즈는 지식과 정보의 싸움이다. 보이지 않는 가치를 전달해야 하기에, 무엇을 알고 있느냐보다, 어떻게 전달하느냐가 더 중요하다.

내 고객들의 직업은 대부분 의사나 법인 대표들이다. 학창 시절 전교 1, 2등은 기본이고, 지역에서 손꼽는 수재들이 내 고객이다. 그들의 요구를 충족시키려면, 평범한 노력으로는 불가능하다. 어설프게 세일즈를 했다가는, 본전도 찾지 못한다.

처음에는 이런 고객들 앞에서 위축되었다. 나보다 훨씬 똑똑한 사람들인데, 내가 뭘 알려줄 수 있을까? 그래서 더 많이 공부하려 했다. 두꺼운 전문서적을 사서 읽고, 각종 세미나에 참석하고, 인터넷에서 최신 정보들을 수집했다.

하지만 문제가 있었다. 알면 알수록 전달하기가 어려워졌다. 너무 많은 정보를 한꺼번에 설명하려다 보니 오히려 혼란만 가중시켰다.

이후 전략을 완전히 바꿨다. 나는 전달하고자 하는 내용을 한 번에 다 전달하기보다, 시간이 걸리더라도 하나씩 완벽하게 전달하려고 노력했다. 고객이 조금이라도 이해를 어려워하는 부분이 있다면 열 번이라도 반복해서 다시 설명했다.

예를 들어 절세 방법에 대해 설명할 때, 열 가지 방법을 한 번에 설명하는 대신 한 가지 방법씩 차례대로 완벽하게 이해시켰다. 그리고 그 방법이 왜 유효한지, 어떤 조건에서 적용되는지, 주의사항은 무엇인지를 구체적으로 설명했다.

그리고 고객이 완전히 이해했는지 중간중간 확인했다. "이 부분에서 궁금한 점은 없으신가요?", "제가 설명한 내용이 명확히 이해가 되셨나요?" 혹여 이해가 부족해 보이면 다른 방식으로 다시 설명했다.

시간이 오래 걸렸지만, 상담에 대한 고객들의 만족도는 크게 올라갔다.

"이해하기 쉽게 설명해주셔서 고맙습니다", "다른 사람들은 복잡하게만 얘기하는데 선생님은 명확하네요"라는 피드백을 받았다.

본인의 시간을 절약해 주고, 정확하고 필요한 정보를 여러 번에 걸

쳐 알려주는 세일즈맨을 싫어할 고객은 없다.

지금도 새로운 상품이 나오면 공부한다. 하지만 예전처럼 모든 걸 다 알려고 하지는 않는다. 대신 그 상품의 핵심 장점 한두 가지를 완벽하게 이해하고, 그것을 명확하게 전달할 수 있도록 준비한다.

많이 알아도 하나를 제대로 전달하지 못하면 무슨 소용이겠는가?

세일즈뿐만 아니라 모든 분야에서 마찬가지다. 프레젠테이션할 때도, 보고서를 쓸 때도, 누군가를 가르칠 때도 같은 원리가 적용된다.

나는 늘 생각한다. 정보를 파는 사람이 아니라, 신뢰를 주는 사람이 되어야 한다고.

이를 위해 굳이 완벽한 지식을 습득하려 하지 않는다. 하나의 지식이라도 정확히 전달하는 습관을 들이는 데 정성을 다한다.

상대방이 진정으로 이해할 때까지 반복하고, 확인하고, 다시 설명하는 것, 무슨 일이든 그런 정성이 쌓일 때 진짜 신뢰를 쌓을 수 있는 법이다.

많이 아는 것보다, 정확히 전달하는 것이 더 중요하다.
지식이 아무리 많아도, 남에게 제대로 전달하지 못하면 의미가 없다.
하지만 단 하나라도 명확하게 전달할 수 있다면,
그것만으로도 충분히 성공할 수 있다.

작심삼일을 깨는 방법

020

지금은 담배를 피우지 않지만, 한동안 담배를 끊지 못해 애를 먹었다. 그러던 어느 날 금연을 해야겠다고 크게 결심했던 적이 있다. 혼자 몇 번이나 시도했지만, 매번 실패했다. 첫날은 굳은 의지로 버텼지만, 둘째 날부터 흔들렸다. 스트레스받는 일이 생기거나, 술자리가 있으면 어김없이 담배로 손이 갔다. 그러면서 '역시 난 의지가 약해'라고 자책했다.

결국 구청에서 운영하는 금연 센터에 등록했다. 더 이상 혼자만의 힘으로는 안 되겠다고 생각했기 때문이다.

상담사가 금연 보조제를 챙겨줬고, 정기적인 전화로 진행 상황을 점검해 줬다. 흡연 욕구가 생기면 어떻게 대처할지까지 알려줬다. 그리고 "지금 잘하고 계세요"라는 한마디. 그 말에 다시 마음을 다잡을 수 있었다.

혼자 할 때와는 완전히 달랐다. 담배를 피우고 싶은 마음이 들 때마다 '상담사한테 보고해야 하는데'라는 생각이 들었다. 실패하면 다른 사람에게 실망을 주게 된다는 부담감이 생겼다. 그 부담감이 오히려 도움이 되었다.

그제야 비로소 알게 됐다. 결심보다 중요한 건 환경이라는 것을. 의지력은 한정적이지만, 환경의 힘은 지속적이다.

우리는 늘 '의지'를 다지지만, 환경이 바뀌지 않으면 같은 자리를 맴돈다. 집에서 다이어트하겠다고 결심해도, 식탁에 과자가 있으면 결국 먹게 된다. 공부하겠다고 다짐해도, 책상 앞에 핸드폰이 있으면 결국 만지게 된다.

반대로, 실행할 수밖에 없는 환경에 들어가면 결심하지 않아도 움직이게 된다. 헬스장에 가면 운동하게 되고, 독서실에 가면 공부하게 된다. 환경이 자동으로 행동을 이끌어낸다.

의지력에만 의존하는 것은 매일 똑같은 전투를 벌이는 것과 같다. 오늘은 이겨도 내일은 질 수 있다. 하지만 환경을 바꾸면 전투 자체를 피할 수 있다.

운동을 하고 싶다면, 돈 아까워서라도 가게 될 헬스장에 등록하라.

1년 치 회비를 미리 내고, 트레이너에게 PT를 받으면 더 효과적이다. 공부하고 싶다면, 핸드폰 없는 독서실에 자신을 밀어 넣어라. 집에서는 절대 안 되는 일도 독서실에서는 자연스럽게 된다.

사람과의 약속도 좋은 환경이다. 혼자 하면 쉽게 포기하지만, 누군가와 함께하면 책임감이 생긴다. 러닝을 시작하고 싶다면 러닝 크루에 가입하고, 독서를 하고 싶다면 독서 모임에 참여하라.

환경이 곧 실행의 엔진이다. 좋은 환경은 노력을 줄여주고, 나쁜 환경은 노력을 배로 만든다. 똑같은 사람도 어떤 환경에 있느냐에 따라 완전히 다른 결과를 만든다.

나는 의지를 믿지 않는다. 의지는 금세 흔들리지만, 환경은 내 결심을 밀어주는 바람이 된다. 그리고 그 실행 하나하나가 쌓여 어느새 나를 더 큰 인생의 흐름으로 데려온다. 작은 변화가 습관이 되고, 습관이 성격이 되며, 성격이 운명이 된다. 부의 흐름도, 좋은 사람도, 기회도. 모두 어떻게든 실행하는 사람에게 모여든다.

의지를 믿지 마라.
환경이 당신을 움직이게 한다.

선택의 여지를 없애라.
실행하지 않으면 안 되는 환경에 스스로를 가둬라.

진짜 강함은
축적된 시간에서 나온다

021

자수성가한 부자에게 모든 돈을 다 빼앗는다고 해도, 그들은 시간이 지나면 다시 부자가 되어 있을 확률이 높다.

왜일까?

그들은 '돈을 만드는 방법'을 알고 있기 때문이다. 고객을 만나는 법, 신뢰를 쌓는 법, 가치를 전달하는 법을 몸으로 체득했기 때문이다.

반면 갑작스럽게 큰돈을 얻은 사람들은 어떨까? 복권에 당첨되거나 유산을 물려받은 사람들의 이야기를 보면 그 답을 알 수 있다. 몇 년 만에 그 돈을 모두 잃고 원래의 삶으로 돌아가는 경우가 허다하다.

세일즈 초기, 처음 큰 계약을 성사시켰을 때, 평소 월 소득의 3배가 넘는 수수료를 받았다. 그 순간 나는 마치 세상을 다 가진 것 같은 기분이었다. 그 돈으로 평소 꿈꾸던 것들을 사기 시작했다.

하지만 그다음 달부터 현실을 마주했다. 큰 계약을 성사한 것이 실력이 아니라 운이었다는 것을 깨달았다. 고객을 만나는 방법도, 계약을 맺는 노하우도 여전히 부족했다. 결국 몇 달간 제대로 된 성과를 내지 못하며 어려운 시간을 보냈다.

그때 깨달았다. 돈은 결과일 뿐, 그 돈을 만들어 낸 과정과 경험이 더 중요했다.

그 이후로 나는 접근 방식을 바꿨다. 큰 계약에만 집중하지 않고, 작은 계약이라도 꾸준히 따내며 경험을 쌓기 시작했다. 고객과의 대화법, 니즈 파악법, 신뢰 구축법을 하나하나 체득해 나갔다.

그렇게 2년이 지나니 변화가 생겼다. 계약 건수가 안정적으로 늘어났고, 매월 일정한 수입이 보장되기 시작했다. 무엇보다 큰 계약을 잃어도 흔들리지 않는 자신감이 생겼다. 다시 만들 수 있다는 확신이 있었기 때문이다.

지금 나는 1,000명이 넘는 고객을 관리하고 있다. 아직 100억의 자산을 만들지는 못했지만, 100억이 되더라도 문제없이 관리할 수 있는 여유와 시스템이 생겼다.

경험과 지식만큼은 아무도 빼앗아 갈 수 없다. 주식시장이 폭락해도, 사업이 어려워져도, 경제가 불황이어도 절대 없어지지 않는다. 그것은 당신 안에 단단히 뿌리내린 최고의 자산이다.

돈에 집착하지 마라. 지금처럼 경험과 지식에 집중하라.

고객을 만나는 경험, 실패를 극복하는 경험, 어려운 상황을 돌파하는 경험. 이런 경험들이 쌓일 때마다 당신은 조금씩 더 강해진다.

돈은 경험과 지식으로 인해 발생하는 여러 결과물 중 하나일 뿐이다. 진짜 목표는 돈이 아니라, 돈을 만들어 낼 수 있는 능력을 기르는 것이다.

그 능력이 생기면, 돈은 자연스럽게 따라온다.

그리고 그때 비로소 진짜 안정감을 얻게 된다.

돈은 잃으면 다시 벌면 된다.
하지만 경험과 지식이 없다면
아무리 많은 돈도 쉽게 사라진다.

돈이 많다고 강한 게 아니다.
진짜 강함은
쌓아온 경험과 지식에서 나온다.

돈이 주는 안정감에 속지 마라.
진짜 가치는
당신이 쌓아온 경험과 지식으로부터 만들어진다.

성공한 사람들의 공통점 네 가지

022

나는 똑똑하지 못하다.

그래서 남보다 더 많은 시간을 투자해야 했고 더 많이 노력해야 했다. 가진 것이 없었기에 겸손할 수밖에 없었고, 특별함이 없었기 때문에 성실함으로 이겨내야 했다.

하지만 돌이켜보니 이것이 나에게는 오히려 축복이었다.

세일즈를 시작했을 때도 마찬가지였다. 주변에는 나보다 똑똑하고, 말도 잘하고, 경력도 화려한 사람들이 많았다. 나는 그들 사이에서 늘 후발주자였다.

그래서 더 일찍 출근하고 더 늦게 퇴근했다. 다른 사람들이 10명의 고객을 만날 때 나는 20명을 만났다. 거절당하는 횟수도 배로 늘어났지만, 그만큼 배우는 것도 많았다.

무엇보다 겸손할 수밖에 없었다. 선배들에게서, 동료들에게서, 심지어 후배들에게서도 배울 점을 찾으려 노력했다. 고객들의 작은 조언도 놓치지 않으려 했다.

"이미 다 안다"는 생각이 들 때도 있었다. 어느 정도 성과가 나기 시작하고, 주변에서 인정받기 시작할 때였다. 하지만 그럴 때마다 스스로에게 물었다.

"정말 나는 다 알고 있는가?"

대답은 항상 "아니다"였다.

고객마다 다르고, 시장은 계속 변하고, 배울 것은 끝이 없었다. 그래서 무지한 자처럼 계속 배우려 했다.

오늘이 마지막이라는 마음으로 일했다. 내일이 있다고 미루지 않았다. 지금 당장 할 수 있는 최선을 다했다. 작은 일이라도 성의껏 했다.

그렇게 몇 년이 지나니 변화가 생겼다.

실적 기준으로 항상 중위권에 머물렀던 내가 어느새 상위 1% 내에 드는 탑 세일즈맨이 되어 있었고, 나보다 훨씬 더 똑똑하고 유능한 동료들을 앞서가고 있었다.

후발주자처럼 생각하고 노력했던 나의 자세가 본연의 역량을 초월한 성장을 가능하게 했다.

한계를 인정하고 배우려는 자세는 지혜를 축적하고 인간관계를 보다 깊게 만드는 힘이 되었다.

오늘이 마지막인 것처럼 성실하게 삶에 임한 자세는 매 순간의 가치와 의미를 극대화했다. 미루지 않고, 변명하지 않고, 지금 당장 최선을 다하는 습관이 쌓이고 쌓여 큰 차이를 만들어 냈다.

그리고 마지막으로, 늘 최고인 것처럼 당당한 태도를 가졌다.

이상하게 들릴 수도 있다. 겸손해지라고 하면서 최고인 것처럼 당당하라니.

하지만 이 둘은 모순되지 않는다. 겸손은 배우는 자세이고, 당당함은 자신의 가치를 인정하는 자세다. 열심히 노력하고 배운 만큼, 그 결과에 대해서는 당당해야 한다.

고객 앞에서 위축되지 않았다. 내가 제공하는 서비스에 확신을 가졌다. 내 경험과 노력에서 나온 조언이라면 자신 있게 전달했다.

이런 당당함이 자존감을 강화하고 주변에 긍정적인 에너지를 전파했다. 사람들이 나를 신뢰하기 시작했다.

지금도 나는 이 네 가지 자세를 유지하려 노력한다.

후발주자처럼 끝까지 노력하고, 무지한 자처럼 배우며 겸손하고, 오늘이 마지막인 것처럼 성실하며, 최고인 것처럼 당당하게. 이 네 가지가 균형을 이룰 때, 성공을 향한 진짜 성장이 시작된다.

후발주자처럼 끝까지 노력하고,
무지한 자처럼 배우며 겸손하라.
오늘이 마지막인 것처럼 성실하라.
그리고 최고인 것처럼 당당하라.

얕게 넓히지 말고, 깊게 들어가라 023

요즘 사회는 한 가지만 잘해서는 먹고 살기 힘들다며 멀티플레이어가 되어야 한다고 말한다. 여러 분야에 대한 지식과 능력을 갖춘 사람이 경쟁력 있다는 얘기다.

하지만 나는 생각이 달랐다.

세일즈 분야의 전문가가 되는 것도 쉽지 않은데, 다양한 분야를 망라하는 멀티플레이어가 되는 것은 애초에 불가능하다고 생각했다. 그래서 나는 17년간 세일즈에만 집중했다.

처음에는 우려하는 목소리가 많았다.

"요즘 시대에 한 가지만 해서는 안 된다."

"다양한 능력을 갖춰야 살아남는다."

"변화에 적응하려면 여러 분야를 알아야 한다."

하지만 나는 흔들리지 않았다. 한 우물을 깊게 파기로 마음먹었다.

세일즈에만 온 힘을 쏟았다. 고객을 만나는 방법, 니즈를 파악하는 기술, 신뢰를 쌓는 노하우, 계약을 성사시키는 전략. 이 모든 것을 체계적으로 배우고 익혔다.

5년이 지나니 어느 정도 실력이 쌓였다.
10년이 지나니 주변에서 인정받기 시작했다.
15년이 지나니 명실상부한 탑 세일즈 반열에 올라왔다.
그리고 생각하지 못한 신기한 일이 벌어졌다.
오랜 시간 고객들에게 최상의 서비스를 해주기 위해 다른 분야의 전문가들을 만나고 함께 일하면서, 자연스레 내 주변에는 여러 분야의 전문가들이 포진되었다.

세무 전문가, 법무 전문가, 부동산 전문가, IT 전문가, 마케팅 전문가. 각자의 분야에서 최고 수준의 실력을 갖춘 사람들이 내 네트워크 안에 들어왔다.

그리고 깨달았다.

내가 한 분야의 전문가가 되어 있으면 자연스레 다른 분야의 전문가를 만날 수 있다는 것과 전문가끼리는 서로를 알아보고 인정한다는 것이었다.

더 놀라운 것은 그다음이었다.

세일즈에서 쌓은 경험과 자신감이 다른 분야에도 통했다. 고객의 니즈를 파악하는 능력, 상대방과 신뢰를 쌓는 기술, 목표를 달성하기 위한 전략적 사고. 이런 것들은 어느 분야에서든 필요한 핵심 역량이었다.

책을 쓸 때도 마찬가지였다. 세일즈에서 배운 '상대방의 관점에서 생각하기', '핵심 메시지 전달하기', '신뢰 관계 구축하기' 같은 능력들이 글쓰기에도 그대로 적용되었다.

강의를 할 때도, 새로운 사업을 할 때도 마찬가지였다. 한 분야에서 깊이 있게 쌓은 경험과 자신감이 다른 영역으로 자연스럽게 확장되었다.

반면 여러 분야를 얕게 건드리며 출발점을 같이 한 주변 사람들은 지금 어떤 모습일까. 대부분 겉으로는 많이 아는 것 같지만, 막상 어느 분야에서도 깊이 있는 전문성을 갖추지 못하고 도태된 사람들이 대부분이다. 결정적인 순간에 신뢰받지 못했기 때문이다.

얕게 넓히는 것과 깊게 들어가는 것. 이 둘의 차이는 생각보다 크다.

전문가가 되는 과정은 결코 쉽지 않다. 수많은 실패와 좌절을 겪어야 한다. 포기하고 싶은 순간이 수도 없이 찾아온다. 하지만 그 과정을 견뎌내고 진짜 전문가가 되면, 그 경험 자체가 다른 분야에서도 큰 자산이 된다.

불안함 때문에 여러 분야를 잘하려고 애쓰지 마라. 얕게 넓히지 말고, 깊게 들어가라.

당신이 가고 있는 그 분야의 탁월한 전문가가 먼저 되었을 때, 그 경험과 자신감으로 다른 분야도 거뜬히 해낼 수 있다. 훨씬 쉽고 단순하게 해내게 된다.

깊게 파는 사람이, 결국 넓은 세상을 얻게 된다는 진리를 꼭 기억하길 바란다.

모든 걸 잘하려 애쓸 필요 없다.
단 하나에 깊이 몰입하라.
그 분야에서 쌓인 경험과 실력은
결국 다른 모든 영역에서도 통용된다.

모든 것을 만드는 열쇠는 번쩍이지 않는다

024

세일즈에 첫 입문을 했을 때 항상 최고의 성과를 내는 선배가 있었다. 그 선배가 어떻게 일하는지 항상 궁금했다. 도대체 무엇이 다르길래 매월 1등을 놓치지 않는 걸까? 특별한 비법이나 타고난 재능이 있는 건 아닐까?

우연한 기회에 그 선배와 몇 개월 동안 함께 일을 할 수 있는 기회가 생겼다.

그리고 알았다.

그 선배는 남보다 3~5배 더 많은 일을 했다. 다른 사람들이 일주일에 10명의 고객을 만날 때, 선배는 30명을 만났다. 다른 사람들이 퇴근할 시간에 선배는 추가 미팅을 잡았다. 주말에도 고객과 만나는 일을 마다하지 않았다.

실력과 운이 좋아서 남보다 큰 성과를 내는 것이 아니라 온전히 노력으로 인한 결과물이라는 것을 직접 체험했다.

선배는 내게 말했다.

"처음에는 나도 실력이 없었어. 고객 앞에서 떨기도 하고, 거절당하면 상처받기도 했지. 그런데 계속 만나다 보니 패턴이 보이더라고. 이런 고객에게는 이렇게 접근해야 하고, 저런 상황에서는 저렇게 대응해야 한다는 걸 깨달았어."

천재처럼 보였던 선배도 처음에는 평범했다. 아니, 오히려 더 서툴렀을지도 모른다. 하지만 포기하지 않고 집념으로 계속 도전했다. 그 집념이 천재를 만들었다.

나 역시 마찬가지였다.

처음 몇 년간은 정말 힘들었다. 거절당하는 것이 일상이었고, 단 한 건의 계약을 성사시키는 일조차 결코 수월하지 않았다. 오죽하면 주변에서 "적성에 안 맞는 것 같다", "다른 일을 찾아보는 게 어떻겠냐"는 말까지 들었다.

하지만 나는 그 선배처럼 끊임없이 반복했다. 같은 실수를 하지 않기 위해 매일 복기하고, 개선점을 찾고, 다음 날 다시 시도했다. 거절당하면 왜 거절당했는지 분석하고, 다른 방법을 시도했다.

그렇게 몇 년이 지나니 변화가 생겼다. 고객과의 대화가 자연스러워졌고, 니즈를 파악하는 능력이 늘었고, 계약 성사율도 높아졌다. 결국 실력은 반복으로 완성된다는 말의 의미를 체득한 순간이었다.
10년이 지나니 지속적인 성과를 낼 수 있게 되었다. 한두 번의 운으로 만들어진 성과가 아니라, 끈기로 이루어진 성과가 시작된 것이었다.

세상을 둘러보면 쉬워 보이는 것들이 많다.
성공한 사람들을 보면 마치 별다른 노력 없이 성공한 것처럼 보일 때가 있다. 하지만 조금 깊이 들여다보면 그냥 만들어지는 것은 없다는 걸 알 수 있다.
그들은 무수히 많은 실패를 겪었고, 포기하고 싶은 순간들을 견뎌냈고, 남들이 보지 않는 곳에서 묵묵히 노력했다. 작은 성공도 수많은 시도와 끈질긴 의지에서 비롯된다.
천재라고 불리는 사람도 알고 보면 남다른 집념으로 그 자리에 올라선 것이다. 완벽해 보이는 실력도 끝없는 반복으로 만들어진 것이다. 부러워하는 성과도 남들이 포기한 자리에서 끝까지 버틴 끈기의 결과다.
결국, 노력이 모든 것을 만드는 열쇠다.
재능은 시작점을 조금 앞당겨 줄 뿐이다. 운은 가끔 도움을 줄 뿐이다. 결국, 지속적이고 일관된 노력만이 진짜 결과를 만들어 낸다.

천재는 집념으로 만들어진다.
실력은 반복에서 완성된다.
성과는 끈기로 쌓인다.
결국, 모든 것은
노력으로 만들어진다.

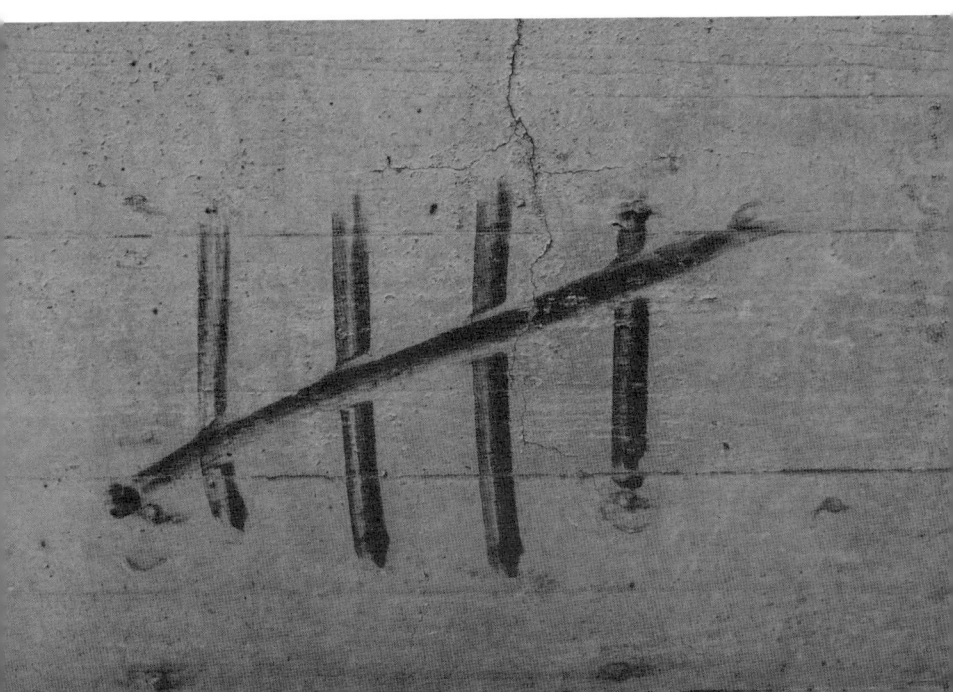

4장

누구와 함께 걷느냐가 당신의 속도를 바꾼다

관계는 실력이고, 신뢰는 자산이다

바닥에 떨어질 때, 진짜 인맥이 보인다

025

인생을 살다 보면 자연스럽게 인맥이 형성된다. 당신 주변에 인맥이 많다는 것은 여러 이유가 있겠지만, 대부분은 당신이 무언가 줄 수 있는 사람이기 때문이다. 뛰어난 인품이나 학식, 사회적 지위나 경제력. 어느 하나라도 갖추고 있다면, 인맥은 자연스레 따라온다.

하지만 상황이 바뀌면 어떨까? 당신이 바닥으로 떨어지고, 앞이 보이지 않을 때, 과연 그 인맥들은 당신을 얼마나 도와줄까?

수년 전, 나에게도 그런 시기가 있었다.

큰 계약 몇 건이 연달아 무산되면서 성과와 소득이 급격히 줄었다. 그동안 쌓아놓은 여유 자금도 바닥이 났다. 무엇보다 자신감이 무너졌다. '내가 정말 이 일을 계속할 수 있을까?' 하는 의구심까지 들었다.

그때까지 나는 꽤 많은 사람들과 관계를 맺고 있었다. 세일즈 성과가 좋을 때는 여러 모임에도 참석했고, 사람들도 나를 반겨주었다. 술자리에서는 "주훈 씨 덕분에 즐겁다"는 말도 자주 들었다.

하지만 상황이 어려워지자 달라졌다. 먼저 연락하는 사람들이 줄어들었다. 모임에 나가도 예전 같은 관심을 받지 못했다. 누군가는 대놓고 "요즘 일은 하고 있어요?"하면서 탐색하는 듯한 질문을 하기도 했다.

가장 힘들었던 것은 평소 가깝다고 생각했던 사람의 반응이었다. 업무적으로 재정적으로 어려운 상황임을 털어놓았는데, "힘내라. 잘 되겠지."라고 말하고는 연락이 끊어졌다. 아마도 그는 내가 돈이라도 빌려달라는 부탁을 할 것 같았나 보다.

이때가 진짜 기회다. 당신의 인맥을 거를 수 있는 기회.

옛말에 이런 말이 있다. "정승 집 개가 죽으면 조문객이 문전성시를 이루지만, 정작 정승이 죽으면 썰렁하다."

수백 년 전에도 그랬고, 지금도 다르지 않다. 성공하고 잘나갈 때는 사람들로 넘쳐나지만, 진짜 어려운 순간에는 오히려 텅 비어버린다.

하지만 그 어려운 시기에도 끝까지 남아 있는 사람들이 있었다.

한 분은 같은 업계 선배였다. 나의 어려운 상황을 알고 나서 오히려 더 자주 연락을 해왔다. "힘들 때일수록 사람들과 만나야 해. 혼자 있으면 더 우울해져"라며 식사 자리를 마련해주었다. 그 자리에서 위로해주고, 조언도 해주었다.

또 다른 한 분은 오랜 고객이었다. 내 상황을 듣고는 "선생님이 힘들 때 제가 도울 일이 없을까요?"라고 먼저 물어보았다. 그리고 실제로 지인을 소개해 주기도 했다.

이런 분들 덕분에 그 어려운 시기를 견딜 수 있었다. 물질적인 도움보다는 정신적인 지지가 더 큰 힘이 되었다. "당신을 믿는다", "반드시 다시 일어설 것이다"라는 말들이 절망적인 순간에 희망을 주었다.

몇 년이 지나 상황이 다시 좋아졌을 때, 나는 그때의 경험을 잊지 않았다. 어려울 때 떠나간 사람들과는 거리를 두었다. 반대로 끝까지 함께해 준 사람들과는 더 깊은 관계를 맺었다.

지금도 어려운 상황에 부닥친 지인이 있으면 먼저 연락한다. 그때 내가 받았던 따뜻함을 전해주려고 한다. 그것이 진짜 인맥을 만드는 방법이라는 걸 알기 때문이다.

부자는 상황이 어렵고, 가능성이 보이지 않을 때가
진짜 기회라는 사실을 알아챈다.
이때가 바로, 누구와 함께할지, 누구를 정리해야 할지를
가장 선명하게 확인할 수 있는 순간이기 때문이다.

당신을 끌어내리는 사람과 끌어올리는 사람

026

10년 넘게 만나온 친구가 있었다. 가끔 만나 술 한잔하며 근황을 나누는 사이였다. 그런데 언제부턴가 그 친구와의 만남이 부담스러워졌다. "요즘 어때?"라는 인사말로 시작해서 "세상 참 살기 어려워"로 끝나는 대화. 회사 이야기, 경제 이야기, 정치 이야기까지 모든 것이 부정적이었다. 처음엔 그냥 힘든 시기를 보내고 있구나 싶어서 들어줬다. 그런데 1년이 지나고, 2년이 지나도 똑같았다.

그 친구에게 내가 새로운 일이 잘 풀렸다고 하면 "그런 게 오래갈까?"라고 했다. 건강해졌다고 하면 "나이 들면 다 똑같아져"라고 했다. 새로운 취미를 시작했다고 하면 "그런 거 해봤자 금방 질려"라고 했다.

실패한 사람 중 일부는 자신이 겪은 좌절을 남에게도 강요한다. 왜

냐하면, 그래야 자신이 뒤처지지 않는다고 느끼기 때문이다. "나만 이렇게 힘들 수 없다. 너도 겪어봐야 해."라는 무의식의 심보가 작동하는 듯하다.

그 친구와 만나고 나면 항상 기분이 좋지 않았다. 집에 돌아가는 길에 '내가 너무 예민한 건가?'라는 생각도 들었다. 하지만 다른 사람들과 만날 때는 그런 기분이 들지 않았다.

불평과 원망은 스스로를 갉아먹고, 주변 사람들마저 지치게 만든다. 그뿐만 아니라, 결국 스스로를 더 깊은 어둠으로 밀어 넣는다. 남을 끌어내리려 할수록, 자신도 함께 무너진다.

결국 그 친구와는 만남을 줄였다. 미안한 마음이 들었지만 내 정신 건강을 위해서 필요한 선택이었다.

이 친구와는 반대로 만날 때마다 에너지를 주는 사람들도 있다. 러닝을 하다 만난 동네아저씨가 그랬다. 60대 중반인데도 20대보다 더 활기차게 운동했다.

"오늘도 왔네? 대단해!"라며 항상 격려해 주셨다. 운동이 힘들어서 쉬고 있으면 "괜찮아, 나도 처음엔 그랬어. 조금씩 늘려가면 돼"라고 말씀해 주셨다. 그분과 이야기하고 나면 운동이 더 즐거워졌다.

그 아저씨는 예전에 사업 실패로 많이 힘들었다고 했다. 하지만 그 이야기를 할 때도 "그때 덕분에 진짜 중요한 게 뭔지 알게 됐어"라며 긍정적으로 말씀하셨다. 실패를 원망의 이유가 아니라 성장의 기회로 받아들이시는 분이었다.

그렇다. 실패를 딛고 일어서며 배움을 찾는 사람들은 자기 경험을 성장의 밑거름으로 삼는다. 넘어졌어도 다시 일어나는 사람, 그런 사람과 함께할 때 우리는 성장할 수 있다.

함께 발전하고, 서로의 성공을 응원하는 사람들. 그들과 함께할 때 우리의 삶은 더 풍요로워진다. 내가 작은 발전을 해도 진심으로 축하해 주고, 내가 힘들 때는 "괜찮다, 다시 시작하면 돼"라고 격려해 주는 사람들이다.

지금 당신 주변을 돌아보라. 만날 때마다 기분이 가라앉는 사람이 있는가? 아니면 만나고 나면 뭔가 할 수 있을 것 같은 기분이 드는 사람이 있는가?

어떤 사람과 함께할 것인가를 선택하는 일은, 결국 당신의 인생을 결정짓는다. 당신을 아래로 끌어내리는 사람들의 무게에서 벗어나, 당신을 위로 끌어올리는 사람들과 함께 올라가야 할 때다.

실패한 사람은, 다른 사람도 실패하기를 바란다.
그래야 자신이 뒤처지는 기분이 들지 않기 때문이다.
그러니 당신 주변을 돌아봐라.
당신을 끌어내리는 사람과, 당신을 끌어올리는 사람 중 누구와 함께할 것인가?

사장의 마인드로 일하는 사람

027

고객을 만나기 위해 한 카페에 간 적이 있다. 직원의 얼굴을 보지 않은 채 메뉴판을 보며 따뜻한 아메리카노 한 잔을 주문했다.

"오늘 너무 추우시죠~ 제가 따뜻하고 맛있게 준비해 드릴게요."

음료를 주문받는 직원의 태도가 너무 인상적이었다. 자연스레 직원의 얼굴을 보며 물었다.

"혹시 사장님이세요?"

"아니요, 저는 그냥 알바생이에요."

내가 사장이라면, 이 알바생을 매니저로 채용하고 싶을 정도였다. 똑같은 최저시급을 받으면서도 왜 이렇게 다르게 일할까? 그 차이가 궁금했다.

직원의 마인드로 일하는 사람과 사장의 마인드로 일하는 사람은 분명 차이가 난다. 직원은 시간당 얼마, 월급 얼마에 관심이 있다. 연봉, 복지, 승진, 퇴근 시간이 주요 관심사다. 반면 사장은 매출, 비용, 거래처, 세금, 고객 만족도를 생각한다.

사장의 관점에서 봤을 때, 회사 매출에 기여도가 낮은 직원이 연봉 인상을 요구한다면 어떨까? 당연히 설득력이 부족할 수밖에 없다. 먼저 회사에 도움이 되는 사람이 되어야 대우도 따라온다.

반면, 직원의 입장에서 보면 짤리지 않을 정도로만 일하면서 급여를 받는 것이 효율적일 수 있다. 굳이 더 열심히 일하는 동료가 이상해 보일지도 모른다. "왜 저렇게 열심히 해? 어차피 월급은 똑같은데."

하지만 이런 생각에는 함정이 있다. 당장은 똑같아 보이지만, 시간이 지날수록 차이는 벌어진다. 사장 마인드로 일하는 사람은 경험과 실력이 쌓이지만, 직원 마인드로 일하는 사람은 제자리에 머문다.

그 카페 알바생처럼, 사장의 마인드로 일하는 사람은 눈에 띌 수밖에 없다. 아무도 시키지 않아도 먼저 움직이고, 대충 넘어가지 않고 끝까지 책임지며, 자기 일처럼 일하기 때문이다.

이들의 공통점은 분명하다. 월급을 목적으로 일하지 않는다. 일로 성장하고, 월급은 그 결과로 받아들인다. 결국 돈은 수단이고, 성장은 목적이다.

당장은 미련해 보일 수 있다. 같은 돈 받으면서 왜 더 많이 일하냐고 할 수도 있다. 하지만 결국 기회는 사장의 마인드로 일하는 사람에게 돌아간다.

왜냐하면 부자들은 이런 사람을 알아보기 때문이다. 성공한 사람들은 이런 사람을 곁에 두고 싶어 한다. 높은 자리와 더 큰 기회는 바로 그런 사람에게 주어지는 법이다.

돈을 더 주면 더 열심히 하겠다는 사람은 많다.
하지만 같은 돈을 받으며 더 열심히 하는 사람은 드물다.
당장은 미련해 보일지 몰라도,
그런 사람이 결국 더 높은 곳에 오른다.

부탁받는 사람이 되는 법

028

"그래요, 제가 해볼게요."

이 한마디는 가볍지만, 절대 가볍지 않다. 기꺼이 무언가를 맡겠다는 그 말속엔 책임감, 신뢰, 용기가 담겨 있다. 그리고 그 한마디가 내 인생을 바꾸는 계기가 되기도 한다.

아무것도 할 줄 모르는 신입 시절, 선배들이 하나둘씩 자잘한 부탁들을 해왔다. 처음에는 부담스럽고, 귀찮기도 했다. 내 일도 바쁜데 왜 남의 일까지 해야 하나 싶었다. 그래도 작은 부탁 하나하나 내가 해야 할 일이라는 생각으로, 최선을 다해 부탁을 들어주었다.

그렇게 하다 보니 몇 달 후, 놀라운 변화가 생겼다. 선배들이 나를 더 신뢰하기 시작했고, 중요한 고객을 소개해 주기도 했으며, 좋은 기회가 생기면 먼저 알려주기도 했다.

부탁을 받는다는 건 당신이 믿을 만한 사람이라는 뜻이다. 누군가 당신에게 무언가를 요청했다는 건, 당신의 진심과 성실함을 믿는다는 증거다. 세상에는 많은 사람이 있지만, 정말 믿고 맡길 수 있는 사람은 그리 많지 않다.

사람들은 부탁할 때 신중하다. 제대로 해줄 사람인지, 책임감 있게 마무리할 사람인지 따져본다. 그래서 부탁받는 것 자체가 인정받는다는 의미다.

하지만 많은 사람들이 부탁을 부담스러워한다. "왜 나한테만 시키지?", "내가 호구인가?" 이런 생각까지도 든다. 되려 부탁을 받으면 손해라고 여긴다. 하지만 아는 사람은 안다. 부탁을 받는 것은 기회라는 것을 말이다.

때로는 번거롭고, 때로는 부담스러울 수 있다. 내 시간을 써야 하고, 내 에너지를 들여야 한다. 당장은 손해처럼 보일 수도 있다. 하지만 그 부탁을 받아들일 때, 당신의 신뢰는 더 깊어지고, 당신의 실력은 더 넓어진다.

부탁을 해결하는 과정에서 새로운 것을 배운다. 평소에 하지 않던 일을 하게 되면서 경험이 쌓인다. 다른 사람의 일을 도와주면서 그들의 관점도 이해하게 된다. 결국 내가 성장한다.

흔쾌히 들어주는 태도도 중요하다. 마지못해하는 것과 기꺼이 하는 것은 결과가 다르다. '어쩔 수 없이 해주는' 사람보다는 '기꺼이 도와주는' 사람을 우리는 또렷하게 기억한다.

물론 모든 부탁을 다 들어줄 필요는 없다. 내 능력을 벗어나는 일이나, 부적절한 요청은 정중히 거절해야 한다. 하지만 할 수 있는 범위 내에서는 흔쾌히 도와주는 것이 좋다.

작은 도움 하나가 관계를 단단하게 하고, 때로는 예상치 못한 기회를 만든다. 그때 받은 호의를 평생 잊지 않는 사람들을 우리는 살면서 반드시 만나게 된다.

많이 부탁받는 사람이 되어라.
그리고 부탁을 받을 때는,
흔쾌히 들어주는 사람이 되어라.

찾아내는 습관이
길을 만든다

얼마 전부터 가족과 함께 감사 일기를 쓰기 시작했다. 아내의 제안이었다. 매일 저녁 식사 후, 각자 그날 있었던 감사한 일 세 가지씩을 나누고 일기에 적는 것이다.

처음에는 간단할 거라 생각했다. 하루를 되돌아보면 감사한 일이 세 가지 정도는 있을 거라고 여겼다. 하지만 막상 시작해 보니 그렇지 않았다.

좋은 일이 많았던 날에는 감사 일기 쓰는 게 수월했다. 고객과 좋은 미팅이 있었다거나, 가족과 함께 맛있는 식사를 했다거나, 건강하게 운동할 수 있었다거나. 그런 날에는 오히려 세 가지로 줄이기가 어려울 정도였다.

그런데 별일 없이 평범하게 지나간 날들이 문제였다. 특별히 좋은 일도, 나쁜 일도 없었던 그런 평범한 하루. 그런 날에는 한 가지 감사함을 찾는 것도 힘겨웠다.

아들 연준이도 마찬가지였다.
"아빠, 오늘은 감사한 일이 없어요. 숙제도 많았고, 친구랑 다퉜고, 급식도 맛없었어요."
그럴 때면 나는 이렇게 말했다.
"그럼 다른 걸 찾아보자. 오늘 학교에 갈 수 있었던 것, 친구가 있다는 것, 급식이라도 먹을 수 있었던 것. 이런 것들도 감사한 일이라고 생각해."
결국 우리는 이런 식으로 일기를 쓸 때가 많았다.
'일기를 쓸 수 있음에 감사하다.'
'숨을 쉴 수 있음에 감사하다.'
'잠잘 곳이 있음에 감사하다.'
'가족이 건강함에 감사하다.'
참 신기한 일이었다. 억지로라도 감사함을 찾아 적을 때, 잠깐이지만 정말로 감사함을 느끼게 되는 것이었다. 당연하다고 여겼던 것들이 얼마나 소중한지 새삼 깨닫게 되었다.
그렇게 감사 일기를 쓰기 시작한 지 벌써 반년이 지났다. 이제는 하루 종일 감사할 거리를 찾는 습관이 생겼다. 지하철에서 자리를 양보받았을 때, 카페에서 친절한 서비스를 받았을 때, 신호등에서 기다리는 짧은 시간 동안에도 감사할 일들이 보인다.

많은 세일즈맨들이 이런 말을 한다.
"이 고객은 만나봤자 성과가 없을 거야."
"요즘 경기가 어려워서 세일즈 기회가 없어."
"우리 상품은 경쟁력이 떨어져서 팔기 어려워."
하지만 그런 상황에서도 누군가는 전화하고, 만나고, 지속적인 고객과의 접점을 만들면서 세일즈 기회를 찾아낸다.
몇 년 전, 한 후배가 고민을 털어놓은 적이 있다.
"선배님, 저는 왜 이렇게 만날 사람이 없을까요? 다른 동기들은 다 바쁘게 고객들을 만나는데, 저만 사무실에 앉아 있는 것 같아요."
그때 내가 물었다.
"그럼, 오늘 하루 몇 명에게 전화했어?"
"세 명요."
"그 세 명이 다 거절했어?"
"네…."
"그럼, 내일은 다섯 명에게 전화해 봐. 모레는 일곱 명에게."
후배는 처음에는 의아해했다. 하지만 조금씩 전화하는 횟수를 늘려

가면서, 점점 만날 수 있는 고객들을 찾아내기 시작했다. 거절당하는 횟수도 늘어났지만, 동시에 만남의 기회도 늘어났다.

6개월 후, 그 후배는 지점에서 가장 바쁜 세일즈맨 중 한 명이 되어 있었다.

"선배님, 신기해요. 예전에는 정말 만날 사람이 없다고 생각했는데, 지금은 시간이 부족할 정도예요."

"뭔가 특별한 방법을 쓴 거야?"

"아뇨. 그냥 찾는 연습을 계속했을 뿐이에요."

그렇다. 찾는 연습. 그것이 핵심이다.

세일즈 기회는 하늘에서 떨어지지 않는다. 고객이 먼저 연락해서 "보험 하나 가입하고 싶어요"라고 말하는 경우는 거의 없다. 모든 것은 먼저 찾아내는 것에서 시작된다.

기존 고객과의 대화에서 새로운 요구를 찾아내는 것.

평범한 일상에서 만나는 사람들과의 관계에서 가능성을 찾아내는 것.

거절당한 상황에서도 다음 기회를 찾아내는 것.

이 모든 것들이 찾아내는 습관에서 나온다.

모든 것은 그냥 주어지지 않는다.

감사도, 행복도, 기회도.

감사는 주어지는 것이 아니라, 찾아내는 것이다.
행복도 마찬가지다.
기회 또한 그냥 주어지지 않는다.
스스로 찾아야 한다.
찾아내는 습관을 지닌 사람은,
어디서, 무엇을 하든 길을 만들어 낸다.

같이 일하고 싶다면, 이 셋 중 하나는 갖춰라

030

여러 회사의 리더급들과 함께 대규모 프로젝트를 추진했던 적이 있다.

처음에는 모두가 좋은 의도로 시작했다. "함께 윈윈하자", "시너지를 만들어 보자"며 의기투합했다. 하지만 구체적인 실행 단계에 들어가자 상황이 달라졌다.

각자의 이익이 앞선 양보 없는 논쟁이 이어졌다.

"우리 회사가 더 많은 투자를 했으니 더 많은 지분을 가져야 한다."

"아니다. 우리가 핵심 기술을 보유하고 있으니 주도권을 가져야 한다."

"그렇다면 우리는 고객 네트워크를 제공하는데, 이것의 가치는 어떻게 평가할 것인가?"

처음 의도와는 달리 서로 자존심 싸움으로 번지며, 결국 그 프로젝트는 무산되었다.

그때 깨달았다.

직원을 고용하여 급여를 주며 일을 시키기도 어려운데, 누군가와 함께 일을 한다는 것은 애초에 쉽지 않은 일이라는 것을. 그런데도 동업이나 협업을 해야 한다면, 세 가지 중 하나는 반드시 갖춰야 한다는 것을 깨달은 뼈 아픈 경험이었다.

첫 번째, 상대방이 나를 지지할 수 있게 내 편으로 만들어라.

이것이 가장 이상적이다. 상대방이 진심으로 나를 믿고 따를 때, 가장 큰 시너지가 난다. 하지만 이것이 가장 어렵기도 하다.

내 편을 만들고 싶다면 먼저 이익을 건네라. 필요하다면 내 몫을 조금 양보해서라도 상대가 득을 보게 하라. 신뢰는 그런 손해를 감수한 시간과 노력 위에 쌓인다.

두 번째, 내 편으로 만들지 못했다면, 상대방을 먼저 이해하려 해라.

상대방의 입장에서 생각해보는 것이다. 그들이 왜 그런 주장을 하는지, 무엇을 두려워하는지, 어떤 것을 원하는지 파악해야 한다.

이해한다고 해서 모든 것을 받아들이라는 뜻은 아니다. 하지만 상대방의 관점을 이해할 때, 서로가 받아들일 수 있는 해결책을 찾을 수 있다.

세 번째, 내 편으로 만들지도 못했고, 상대방을 이해하기도 어렵다면, 압도적인 실력으로 상대방이 이의를 제기할 수 없는 상황을 만들어야 한다.

위 두 가지 방법으로 해결되지 않을 때 사용하는 최후의 방법이다. 예를 들어 세일즈 분야에서 17년간 쌓아온 나의 경험과 노하우, 1,000명이 넘는 고객 관리 실적, 검증된 성과들을 바탕으로 말할 때는 상대방도 함부로 반박하기 어렵다.

"이 방법으로 작년에 몇백억의 계약을 성사시켰고, 이런 케이스에서는 10건 중 8건이 성공했습니다"라고 구체적인 데이터와 경험을 제시하면, 상대방은 "이 사람의 판단을 따르는 게 합리적이겠다"고 인정하게 된다. 이의를 제기하려면 그보다 더 나은 경험이나 실력이 있어야 하는데, 그렇지 못할 때는 자연스럽게 따르게 된다.

실패했던 그 프로젝트를 돌이켜보면, 우리 모두 이 세 가지 중 어느 것도 제대로 갖추지 못했다. 서로를 내 편으로 만들려는 노력도 부족했고, 상대방을 깊이 이해하려는 시도도 없었고, 압도적인 실력으로 주도할 만한 사람도 없었다.

그 후로는 협업을 시작하기 전에 반드시 묻는다.

"이 사람과 일하려면 내가 어떤 방법을 선택해야 할까?"

그리고 그 방법을 충분히 준비한 후에야 협업을 시작한다.

함께 일한다는 것은 쉽지 않다. 하지만 이 세 가지 중 하나라도 제대로 갖춘다면, 혼자서는 만들 수 없는 더 큰 결과를 만들어 낼 수 있다.

함께 일할 땐 반드시 선택해야 한다.
상대를 내 편으로 만들든지,
완전히 이해하든지,
압도적인 실력을 갖추든지.

이 셋 중 아무것도 없다면,
그 일은 결국 틀어진다.

닮고 싶은 무리 안에 있어야 한다   031

1920년대 인도에서 발견된 늑대 소녀 '카말라'와 '아말라'는 야생에서 늑대들과 함께 자랐다. 처음 발견될 당시 약 7~8세 정도로 추정되었다. 이들은 네 발로 걸어 다니고 날고기를 먹는 등 늑대와 유사한 행동을 했다.

인간 사회에 적응하기 위해 훈련을 받았지만, 결국 아말라는 발견된 지 1년 만에 병으로 사망했고, 카말라는 17세 나이에 사망했다. 환경이 삶의 발달에 얼마나 큰 영향을 미치는지를 알려주는 사례다.

나 역시 주변에 좋은 선배들도 있었지만, 대부분 회사와 상품에 대한 불만과 미래에 대한 부정적 감정을 주변에 퍼뜨리는 선배들이 많았다.

"이 일로는 먹고살기 어려워."

"고객들은 다 까다롭고 이기적이야."

"회사는 우리를 착취만 하고 챙겨주는 건 없어."

매일 이런 얘기를 들으니 나도 모르게 부정적인 생각이 스며들기 시작했다.

겁이 났다. 나도 몇 년 후에 저런 선배들의 모습을 따라 하는 건 아닐지 두려웠기 때문이다.

어떻게든 환경을 바꿔야겠다고 결심했다.

나는 소속 지점에만 머무르지 않았다. 긍정적인 생각과 행동으로 세일즈에 집중하는 사람들을 찾아야만 했다. 다른 지점 사람들도 만나고, 업계 모임에도 참석하고, 성과가 좋은 사람들을 적극적으로 찾아 다녔다.

마침내 몇 명의 동료들을 만났다. 나와 비슷한 고민을 하고 있었고, 비슷한 목표를 가지고 있었다.

"우리끼리라도 스터디 모임을 해보자."

작은 스터디 모임이 만들어졌다. 월 2회씩 만나서 서로의 성과를 공유하고, 어려운 점을 상의하고, 새로운 방법을 함께 연구했다.

긍정적이고 열정적인 사람들과 함께하면서 나도 모르게 그들을 닮아갔다.

불평을 하는 대신 해결 방안을 찾았다. 고객을 탓하는 대신 내 접근 방식을 점검했다. 회사를 원망하는 대신 내가 할 수 있는 일에 집중했다.

그렇게 수년간 스터디 모임이 계속되면서 구성원들은 모두 세일즈

업계에서 멋지게 성장했다. 어떤 사람은 지점장이 되었고, 어떤 사람은 다른 회사에 더 좋은 조건으로 스카우트되었고, 또 어떤 사람은 독립해서 성공적으로 사업을 키워나갔다.

반면 부정적인 환경에 머물렀던 선배들은 어떻게 되었을까? 몇 년 후 만나보니 여전히 같은 불평을 하고 있었다. 성장도 없고, 변화도 없었다.

어떤 사람들과 시간을 보내는지는 당신의 선택이다. 당신 주변에도 분명 긍정적인 사람들이 있을 것이다. 설령 지금 당장 보이지 않더라도, 성장하려는 당신의 마음이 자연스럽게 그런 사람들을 끌어당기고 있다.

의식적으로 환경을 선택하는 것도 매우 중요하다. 나처럼 작은 스터디 모임을 만들 수도 있고, 긍정적인 사람들이 모이는 곳을 먼저 찾아갈 수도 있다.

사람은 환경의 동물이다. 아무리 의지가 강해도 매일 접하는 사람들의 영향을 받을 수밖에 없다. 부정적인 사람들과 함께 있으면 부정적이 되고, 긍정적인 사람들과 함께 있으면 긍정적이 된다.

이 책을 읽고 있는 당신은 이미 좋은 선택을 하고 있다. '모든 것이 잘 되어가고 있다'는 메시지가 담긴 이 책을 읽고 있다는 것 자체가, 늘 성장하려는 마음의 증거이기 때문이다.

사람은 생각보다 쉽게 닮아간다.
말투, 태도, 감정의 결까지.

그래서 중요한 건 '누구 곁에 있는가'다.
함께 있는 무리가 곧 당신의 기준이 된다.
그들의 목표가 당신의 방향이 되고,
그들의 태도가 당신의 습관이 된다.

지금 곁에 있는 사람들이
당신의 내일을 말해주고 있다.

5장

아직 도착하지 않았을 뿐, 가고 있는 중이다

멈추지 않는 마음이 결국 흐름을 만든다

결과를 뛰어넘는 사람들의 비밀 032

매일, 매주, 매월 성과에 따라 세일즈맨들은 압박을 받는다. 월요일 아침 회의에서 지난주 실적이 발표되고, 매주 등수가 업데이트된다. 그리고 회사 인트라넷에 발표된다. 성과가 없거나 낮으면 자존감이 떨어지고, 조급함이 밀려온다.

그 조급함은 고스란히 고객에게 전달된다. 이런 상태에서는 누구를 만나도 세일즈가 쉽게 이루어지지 않는다. 마음이 급하니 고객의 말은 들리지 않고, 오직 계약만 생각하게 된다. 결국 고객은 부담스러워하며 발걸음을 돌린다.

성과에만 집착하다 보면 우리의 시야는 좁아지고, 진정으로 중요한 과정을 놓치게 된다. 고객이 왜 고민하는지, 무엇을 원하는지, 어떤 두려움이 있는지 보이지 않는다. 오직 "어떻게 하면 계약을 얻어낼까" 하는 생각만 머릿속을 맴돈다.

하지만 성과는 결과일 뿐이다. 그 과정에서 얻는 배움과 경험이야말로 성장의 밑거름이 된다. 고객과의 첫 만남에서 어떻게 신뢰를 쌓는지, 거절당했을 때 어떻게 대응하는지, 상대방의 진짜 니즈를 어떻게 파악하는지. 이런 것들이 진짜 실력이다.

과정에 집중할 때, 우리는 시행착오를 통해 문제를 해결하는 법을 배운다. 어떤 질문이 상대방의 마음을 열리게 하는지, 어떤 말이 경계심을 불러일으키는지 몸으로 익힌다. 실패할 때마다 '아, 이런 식으로 접근하면 안 되는구나'를 하나씩 배워간다. 이런 과정 등을 통해 깊이 있는 역량을 쌓아갈 수 있다.

결과를 얻기까지는 시간이 필요하다는 것을 기억해야 한다. 씨앗을 심고 싹이 나기까지 기다리는 시간처럼. 그 시간을 성장의 기회로 활용하는 것이 중요하다. 오늘 만난 고객이 당장 계약하지 않더라도, 그 만남에서 얻은 인사이트는 내일의 고객을 만날 때 도움이 된다.

누군가는 이렇게 말할지도 모른다. "그래도 결과가 나와야 먹고사는데…."

맞다. 당장의 생계는 중요하다. 하지만 성과에만 매달릴수록 정작 성과는 멀어진다는 게 아이러니다.

성과는 일시적일 수 있다. 이번 달 운 좋게 큰 계약을 하더라도 다음 달은 장담할 수 없다. 하지만 과정에서 쌓은 경험과 배움은 평생 우리를 지탱해 주는 자산이 된다. 고객을 대하는 자세, 신뢰를 쌓는 방법, 거절을 받아들이는 태도. 이런 것들은 어떤 상황에서든 나를 도와준다.

목표를 향해 나아가는 동안, 눈앞의 결과가 아닌 그 여정 자체를 즐겨라. 오늘 만난 고객과의 대화에서 뭔가 새로운 것을 배웠다면, 그것만으로도 의미 있는 하루다. 거절당했더라도 왜 거절했는지 이해했다면, 그것도 성장이다.

눈에 보이는 성과가 없을 때,
세일즈맨은 흔들리고 조급해진다.

계약, 실적, 성과는 과정이 쌓인 뒤에 따라오는 것들이다.
당장의 결과에 집착하지 마라.
당신이 쌓아가고 있는 시간과 경험은 절대 헛되지 않음을 믿어야 한다.

목적 없는 삶은 길을 잃는다

033

20대 후반, 나는 정말 열심히 살고 있다고 생각했다. 새벽 5시에 일어나 영어 공부를 하고, 퇴근 후에는 자격증 공부를 했다. 주말에는 세미나를 듣고, 책도 읽었다. 남들이 보기에도 성실한 사람이었다.

그런데 1년이 지나고, 2년이 지나도 뭔가 허전했다. 분명히 열심히 사는데 왜 이런 기분이 들까? 그때 선배가 한마디 했다. "너 지금, 뭐 하려고 그렇게 열심히 사는 거야?"

그 질문에 답을 하지 못했다. 당시에는 '열심히 살아야 한다'는 막연한 생각과 더불어, 이렇게라도 해야 살아남을 수 있을 거 같았다.

어디로 갈지 모른 채 속도를 높이는 건 위험하다. 아무리 빨리 달려도, 결국 제자리다. 마치 방향이 없는 질주는, 갈증이 가득한 모래사막을 헤매는 것과 같다.

그때부터 진지하게 생각해 보기 시작했다. 내가 진짜 원하는 게 뭘까? 10년 후에는 어떤 모습이 되고 싶을까? 단순히 '성공하고 싶다'가 아니라, 구체적으로 어떤 일을 하며 살고 싶은가?

세일즈 일을 시작한 것도 그때였다. 명확한 목표가 생겼다. '10년 안에 이 분야 최고가 되자.' 목적도 분명했다. 사람들에게 진짜 도움이 되는 일을 하자는 결심을 한 이후 모든 게 달라졌다.

목적은 이유를 주고, 목표는 길을 제시한다.

힘들어도 포기하지 않는 이유가 생겼다. 거절당해도 다시 일어서는 힘이 생겼다. 매일 아침 일어나는 이유가 명확해졌다.

하지만 처음에는 자주 길을 잃었다. 다른 사람들이 하는 것을 보면 따라 하고 싶어졌다. 빠른 성과에 현혹되기도 했다. 그럴 때마다 스스로 물었다. "이 길이 맞는가? 내 목적과 목표에 맞는 방향인가?"

내비게이션이 "경로를 다시 재탐색합니다"라고 말하듯, 나도 방향을 다시 잡곤 했다. 목적지가 명확하니 다시 올바른 길로 돌아갈 수 있었다.

요즘 후배들을 보면 예전의 내 모습이 보인다. 각자 나름의 방법으로 열심히 산다. 하지만 "왜 그렇게 열심히 사는 거냐?"고 물으면 답을 못한다. 그냥 '열심히 살아야 하니까'라고 한다.

속도에 집착하지 마라. 중요한 건 방향이다. 인생도 마찬가지다. 목적과 목표가 없는 질주는, 목마름만 남긴다.

작은 성공을 하나 이룰 때마다 스스로에게 물어라. "이 길이 맞는가?" 월급이 올랐다고, 진급했다고, 자격증을 땄다고 무조건 좋은 건 아니다. 내 목적과 방향에 맞는 성과인지 확인해야 한다.

작은 성취가 모여 큰 꿈을 만든다고들 한다. 하지만 방향이 틀렸다면? 그 꿈은 결국 사라진다. 아무리 높이 쌓아도 기초가 틀리면 무너진다.

지금 당신은 어디로 가고 있는가?

10년 후 어떤 모습이 되고 싶은가?

왜 그렇게 되고 싶은가? 이 질문들에 명확하게 답할 수 있다면, 당신은 이미 올바른 길 위에 있다.

식상한 얘기겠지만 결국 가장 중요한 건, 속도가 아니라 방향이다. 인생의 목적과 목표를 명확히 하라. 그것이 당신의 삶을 지탱하는 나침반이다. 길을 잃어도 다시 찾을 수 있는 유일한 방법이다.

내비게이션을 사용할 때,
우리는 정확한 목적지를 입력한다.
그래야 길을 잃어도, 다시 올바른 방향을 찾을 수 있다.
그런데, 왜!
당신의 인생에는
핏빛처럼 선명한 목적과 목표가 없는가?

책임을 회피하면, 기회도 멀어진다

034

나는 유독 자존감이 낮은 사람이었다. 그래서 실패나 실수를 인정하는 것이 두려웠다. 길을 걷다 넘어지면, 내 부주의를 탓하지 않고 넘어지게 한 돌멩이와 길을 탓했다. 내 잘못을 인정하는 순간, 남은 자존심마저 무너질 것 같았기 때문이다.

학창 시절 시험을 망치면, 내 노력이 부족했음을 반성하기보다 좋은 학원에 다니지 못한 환경을 탓했다. 내 방이 없다는 이유로 공부할 수 없었다고 부모님을 원망했다. 나는 이렇게 모든 상황에서 변명할 구실만 찾고 있었다.

사회생활도 마찬가지였다. 성과가 없으면 팀원들을 원망하고, 일이 잘 풀리지 않으면 회사 시스템을 탓하기도 했다. 그렇게 책임을 떠넘

기며 자존심을 지키기 위해 애썼다. 책임을 인정하는 순간, 내가 무능한 사람이 될 것 같았다.

하지만 그럴수록 더 깊이 무너졌다. 자존심을 세우려 애쓰다 보니, 정작 진짜 문제를 마주할 용기는 사라졌다. 책임을 떠넘길수록 상황은 나아지지 않았고, 오히려 더 고립되어 갔다.

왜냐하면 책임을 회피하는 사람은 문제의 해결책도 찾지 못하기 때문이다. 문제가 '내 탓'이 아니라면, '내가 고칠' 이유도 없어진다. 결국 같은 실수를 반복하며 같은 자리에서 맴돌게 된다.

그러던 어느 순간 깨달았다. 넘어진 것도 내 부주의였고, 시험에 떨어진 것도 내가 감당해야 할 몫이었다. 일이 잘 안된 것도 결국 내가 만든 결과였다. 환경이 나쁘더라도, 그 안에서 최선을 다하지 못한 것은 나의 책임이었다.

이후 나는, 의식적으로 '모든 책임은 나에게 있다'라고 생각하는 연습을 했다. 때론, 내가 책임지지 않아도 될 일이어도, 내 책임으로 받아들이자 모든 상황이 바뀌기 시작했다.

책임을 지는 순간, 나는 비로소 그 상황의 주인이 된다. 문제를 해결할 권한과 의무가 동시에 생긴다. 변명할 에너지를 문제 해결에 쏟기 시작한다.

작은 일 하나에도 주인의식을 가지고 직접 책임졌다. 대충 넘어가던 일도 스스로 끝까지 확인하며 마무리했다. '이건 내 일이 아니야'라는 생각 대신 '내가 확인해 보자'라는 마음으로 접근했다.

결과는 확연히 달라졌다. 나도 모르게 여러 가지 면에서 성장하고 있었고, 사람들도 나를 더 신뢰하기 시작했다. 문제가 생겨도 두려워하지 않았다. 주인의식을 가지고 대처하다 보니, 실패조차도 내 자산이 되었다.

책임을 지는 사람은 실패해도 배운다. 책임을 회피하는 사람은 성공해도 배우지 못한다. 전자는 발전하고, 후자는 제자리에 머문다.

'모든 책임은 나에게 있다.'

그렇게 생각하는 순간, 나는 내 삶의 주인이 된다. 변명할 이유도, 남을 원망할 필요도 사라진다. 오직 앞으로 나아갈 방법만 남는다.

살다 보면 억울하고 곤란한 상황을 맞닥뜨릴 때가 있다.
그럴 때일수록 남을 탓하지 마라.

모든 책임은 나에게 있다.
그렇게 생각해야만, 발전할 수 있다.

문제를 개선하지 않으면,
같은 상황이 다시 반복될 뿐이다.

끝에서 시작하는 사람들

책이나 영화 등 모든 전개는 '기승전결'의 구조로 이루어진다. 우리의 인생도 마찬가지다. 무언가를 시작하고 어려움에 직면하고, 극복하면서 결국 끝맺음을 내리는 과정의 연속이다.

즉, 모든 일은 순차적으로 일어난다.

하지만 우리의 생각은 기승전결의 반대로 시작되어야 한다.

세일즈를 처음 시작했을 때 나는 '기'부터 생각했다. 어떻게 시작할까, 어떤 고객을 먼저 만날까, 어떤 상품을 팔까. 하루하루 닥치는 대로 일했다.

결과는 뻔했다. 방향 없는 노력은 성과로 이어지지 않았다.

몇 년 후 깨달았다. 끝을 먼저 생각해야 한다는 것을.

"1년 후 나는 어떤 세일즈맨이 되고 싶은가?"

"5년 후 나는 어떤 위치에 있고 싶은가?"

"10년 후 나는 고객들에게 어떤 사람으로 기억되고 싶은가?"

결과를 먼저 떠올렸다. 그리고 그 결과에 다다르기 위해서 어떻게 해야 할지를 준비하고 실행계획을 세웠다. 그리고 나서야 시작했다.

변화는 즉시 나타났다.

같은 시간을 써도 방향이 있으니 효율이 달랐다. 같은 노력을 해도 목표가 있으니 의미가 달랐다. 매일의 작은 행동들이 모여 큰 결과를 만들어 냈다.

책을 쓸 때도 마찬가지였다.

처음에는 '오늘은 뭘 쓸까' 하며 하루하루 즉흥적으로 썼다. 써놓고 보니 일관성도 없고, 방향도 없고, 독자가 무엇을 얻어가야 할지도 명확하지 않았다.

그래서 접근 방식을 바꿨다.

"이 책을 읽은 독자가 마지막 페이지를 덮을 때 어떤 마음을 갖게 하면 좋을까?"

"어떤 메시지를 가슴에 품고 일어서면 좋을까?"

"어떤 변화를 만들어 가기 시작하면 좋을까?"

늘 결론을 먼저 정했다. 그 결론에 도달하기 위해 필요한 이야기들을 역순으로 배치했다. 각 장이 어떤 역할을 해야 하는지, 어떤 경험담이 들어가야 하는지 전체 그림을 그렸다.

그 후에야 첫 문장을 썼다.

결과는 확연히 달랐다. 글에 일관성이 생겼고, 독자들의 반응도 달랐다. "마지막까지 읽고 나니 마음가짐이 확연히 달라진 기분이다"라는 피드백을 받았다.

모든 일이 그렇다.

결혼을 준비할 때도, 사업을 시작할 때도, 자녀를 교육할 때도 마찬가지다. 어떤 결과를 원하는지 먼저 명확히 해야 한다.

"우리 부부는 어떤 관계를 만들어 가고 싶은가?"

"이 사업을 통해 어떤 가치를 실현하고 싶은가?"

"우리 아이가 어떤 사람으로 성장했으면 좋겠는가?"

끝을 먼저 떠올려라. 그 끝이 방향이 되고, 그 방향이 계획을 만들고, 그 계획이 결국 오늘을 움직인다. 끝에서 시작하는 사람이, 진짜 원하는 그 끝에 닿을 수 있다.

모든 인생은 '기승전결'로 흘러가지만,
모든 생각은 '결'에서 시작돼야 한다.

끝을 먼저 떠올려라.
그 끝이 방향이 되고, 그 방향이 계획을 만들고,
그 계획이 결국 오늘을 움직인다.

그래야 진짜, 원하는 곳에 닿을 수 있다.

운명은 다시 쓸 수 있다

036

당신은 당신의 운명을 알고 있는가?

나는 나의 운명을 모른다. 명리학에서 얘기하는 사주팔자를 통해 타고난 운명을 미리 확인할 수도 있다지만, 나는 운명을 바꿀 수 있다고 믿는 사람이다.

설사 아닐지라도. 나는 그렇게 믿고 있다.

왜냐하면 오늘 나의 노력을 헛되게 만들고 싶지 않기 때문이다.

10년 전쯤, 답답한 마음에 동료들과 점집에 가본 적이 있다. 호기심 반, 재미 반으로 찾아간 것이었다. 점술가는 내 사주를 보더니 이렇게 말했다.

"평생 남의 밑에서 일하는 팔자예요. 사업 운도 별로 없고, 뭘 해도 크게 성공할 운명은 아니네."

그 순간 기분이 묘했다. 화가 났다기보다는 '정말 그럴까?' 하는 의문이 들었다.

집에 돌아와서 생각해 봤다. 만약 내가 그 말을 믿는다면? 도전하기 전에 포기하게 될 것이다. 더 큰 목표를 세우지 않게 될 것이다. 현재에 안주하게 될 것이다.

나는 그 말을 신경 쓰지 않기로 마음 먹었다. 내가 좋은 운명을 타고났다면 나의 땀과 노력이 더해져 더 크게 성장할 것이고, 좋지 않은 운명을 타고났더라도 나의 땀과 노력이 운명을 다시 써줄 거라 믿기로 했다.

결국 그 예언은 맞지 않았다. 남의 밑에서만 일한다던 팔자가 아니라, 독립적으로 일하며 내 길을 만들어 가고 있다. 크게 성공할 운명이 아니라던 말과 달리, 내 분야에서 늘 높은 성과를 이뤄가는 것은 물론 다방면의 일을 펼쳐가고 있다.

실제로 주변을 보면 두 종류의 사람들이 있다.

노력하지 않은 사람들은 "타고난 운명은 정해져 있다"며 현실에 순응한다. 무언가 잘 안될 때마다 "나는 원래 이런 팔자야"라고 체념한다.

반면 노력으로 성장한 사람들은 "내 삶은 내가 만든다"고 믿는다. 어려운 상황이 와도 "노력하는 만큼 길이 열린다"며 포기하지 않는다.

어떤 믿음을 선택하느냐에 따라 삶의 방향이 완전히 달라진다.

운명을 믿는 사람은 주어진 현실에 순응한다. 운명을 바꿀 수 있다고 믿는 사람은 현실을 바꾸려 노력한다.

17년간 세일즈를 하면서 만난 수많은 고객들 중에는 "내 팔자가 원래 돈과 인연이 없어"라며 체념하는 사람들도 있었고, "이번 기회로 내 인생을 바꿔보겠다"며 적극적으로 나서는 사람들도 있었다.

몇 년 후 다시 만난 적극적으로 행동한 사람들의 삶은 정말 달라져 있었다. 믿음이 행동을 바꾸고, 행동이 결과를 바꾸고, 결과가 운명을 바꾼 것이다.

타고난 운명이 전혀 영향을 미치지 않는다고 단정 짓는 건 아니다. 분명 타고난 성향이나 환경의 영향은 있을 것이다.

하지만 그것이 전부는 아니다. 땀과 눈물로 다시 써 내려간 삶에는 새로운 운명이 따라온다고 확신한다.

그래서 나는 오늘도 나의 운명을 더 멋지고 아름답게 바꿀 수 있다고 믿고 하루를 시작한다.

누구에게나 타고난 운명이 있다.
하지만 그 길이 전부는 아니다.

땀과 눈물로 다시 써 내려간 삶에는
새로운 운명이 따라온다.

홀로 설 때 비로소 보이는 힘

037

나는 장학금을 받고 대학에 입학했었다. 졸업할 때까지 4년 내내 장학금을 놓친 적이 없었을 정도로 열심히 학교생활을 했다. 주말에는 다음 주 생활비를 벌기 위해 알바를 하며 보냈다.

장학금을 받지 못하면, 힘들게 장사하시는 부모님께 부담을 드려야 했기에 더 절실한 마음으로 학점을 관리했다.

그때 친하게 지내던 동기가 있었다. 그는 상황이 달랐다. 아버지가 대기업 임원이었고, 회사에서 학비를 4년간 모두 지원해 줬다.

용돈도 넉넉했기에 학교생활보다는 청춘사업에 더 많은 시간을 쏟았다.

얼마 전, 그의 근황을 들었다. 부모님이 차려준 편의점을 운영하고 있다고 했다.

나는 오래전부터 편안함보다는 긴장 속에서 살아왔다. 그래서 언제나 '잃을 수 없는 것'이 있었다.

장학금을 놓치면 안 됐고, 부모님께 부담을 드리면 안 됐다. 그래서 늘 긴장해야 했다.

그 긴장감이 당시에는 버거웠지만, 지금 돌이켜보면 그때부터 '버티는 법'을 배우고 있었던 것 같다.

그 경험은 훗날 세일즈를 시작할 때도 그대로 이어졌다.

입사 동기들은 지인들을 통해 빠르게 실적을 올리고 있었지만, 나는 그저 실적 판만 바라보고 있었다.

지인도 많지 않았고, 누구에게 기대고 싶지도 않았다. 아쉬운 소리를 하고 싶지 않았다.

그때도 나에겐 '잃을 수 없는 것'이 있었다. 처음부터 스스로 해내고 싶다는 마음과 더불어 지인을 통한 실적은 내 실력이 아니라고 생각했다.

선배들은 각종 모임에 나가보라고 권했다. 동문회, 골프 모임, 와인 동호회. "인맥이 곧 실력이야"라고 했다. 하지만 나는 그런 방식이 맞지 않았다. 세일즈를 위한 목적으로 모임에 들어간다는 게 내 성격에도 맞지 않았고, 진짜 실력을 기르는 데도 도움이 안 된다고 생각했다.

혼자 걷는 길은 정말 힘들었다. 거절도 많이 당했고, 실적도 잘 나오지 않았다. 동기들이 지인들 덕분에 좋은 성과를 낼 때, 나는 한참 뒤처져 있었다.

하지만 시간이 지나니 조금씩 차이가 벌어졌다.

지인들의 도움으로 시작한 동기들은 그 이후가 어려웠다. 지인들을 통한 실적은 한계가 있었고, 정작 필요한 세일즈 기술은 늘지 않았다. 17년이 지난 지금, 함께 시작한 동기들 대부분은 다른 일을 하고 있다.

반면 나는 처음부터 낯선 사람들과 관계를 맺고, 신뢰를 쌓고, 설득하는 방법을 익혀야 했다. 힘들었지만 그 과정에서 진짜 실력이 쌓였다. 어떤 상황에서도 홀로 설 수 있는 자신감이 생겼다.

기대하는 만큼 약해진다. 의지하는 만큼 실력은 멀어진다.

어떤 일이든 부모님이나 지인들이 도와주면 편히 설 수 있다. 그런데 그냥 편히 설 수 있을 뿐이지, 잠재력을 발휘하지 못하기에 더 큰 성장을 위한 힘은 쉬이 만들지 못한다.

설사 지금 당신을 도와줄 사람들이 많더라도, 홀로서기 연습을 해야 한다. 기댈 곳이 없고 의지할 곳이 없을 때, 그때부터 당신의 잠재력은 발휘되기 때문이다.

새로운 도전 앞에서 누군가의 도움을 구하고 싶은 유혹이 들 때마다, 일단 혼자 해보려고 시도해야 한다. 나 역시 그렇다. 그래서 여전히 힘들고 어렵다. 하지만 그럴 때마다 조금씩 더 강해지는 걸 느낀다.

때로는 혼자 서보라. 누군가의 도움 없이, 오직 당신의 힘으로만. 그때 비로소 당신 안에 잠들어 있던 힘이 깨어나는 것을 보게 될 것이다.

기대하는 만큼 약해진다.
의지하는 만큼 멀어진다.

당신의 잠재력은
홀로 설 때 비로소 깨어난다.

이유는 나중에 드러난다

30대 초반, 나에게 큰 좌절이 찾아왔다.

몇 년 동안 심혈을 기울여 관리했던 법인 대표님으로부터 갑자기 계약을 해지하겠다는 연락을 받았다. 이유를 물어봐도 명확한 답변을 주지 않았다. "회사 방침이 바뀌었다"는 애매한 말만 되풀이했다.

당시, 그 고객으로부터 나오는 수수료는 내 수입의 상당 부분을 차지했다. 한순간에 경제적 타격이 왔고, 무엇보다 그동안 쌓아온 신뢰가 무너진 것 같아 마음이 아팠다.

왜 이런 일이 일어났을까? 내가 뭘 잘못했을까? 몇 달간 그 이유를 찾으려 애썼지만 답을 얻을 수 없었다.

어느정도 시간이 지난 후 깨달았다.

그 고객에게만 의존하고 있던 내 방식의 문제였다. 한 고객에게 집중하다 보니 새로운 고객 발굴을 소홀히 했고, 위험을 분산시키지 못했다.

그 일 이후 나는 고객 포트폴리오를 다양화했다. 여러 고객에게 고르게 신경 쓰기 시작했고, 새로운 영역도 개척했다. 결과적으로 더 안정적이고 지속 가능한 지금의 사업 구조를 만들 수 있었다.

돌이켜보면 그 일은 나에게 꼭 필요한 경험이었다. 그때의 아픈 경험이 없었다면 계속 안주했을 것이고, 지금의 성장도 없었을 것이다.

학교, 군대, 직장 생활을 하면서 우리는 예상치 못한 어려움이나 이해할 수 없는 일들을 마주한다. 그 순간에는 왜 이런 일이 나에게 일어나는지, 어떤 의미가 있는지 알 수 없어 혼란스럽고 답답하다.

하지만 시간이 지나고 나면, 그때의 경험이 나를 성장시키고 새로운 길로 이끌었음을 깨닫게 된다.

모든 일에는 분명한 원인과 결과가 존재한다. 우리가 그 이유를 바로 알지 못한다고 해서, 그것이 의미 없는 일은 아니다.

때로는 아픔이 더 큰 행복을 위한 준비일 수 있고, 실패가 더 나은 기회를 위한 발판이 되기도 한다. 인생은 마치 퍼즐과 같아서, 각각의 조각들이 모여 하나의 큰 그림을 완성한다.

지금 당신에게 일어나고 있는 일들, 이해되지 않는 상황들도 마찬가지다. 지금은 그 이유를 모를 수 있다. 하지만 언젠가는 "아, 그래서 그런 일이 일어났구나"라고 깨닫는 순간이 올 것이다.

세상에 그냥 일어나는 일은 없다.
모든 일에는 이유가 있다.

보이지 않아도, 이해되지 않아도
그건 이유가 없는 게 아니라, 아직 모를 뿐이다.

준비되지 않은 행운은 기회가 아니다

039

세일즈를 시작했을 때 내 나이는 스물아홉이었다.

그때 만약 누군가가 나에게 1,000명의 고객을 한꺼번에 맡겼다면, 나는 제대로 감당할 수 있었을까?

아니다. 아마 일은 무너지고, 나 자신도 무너졌을 것이다.

지금은 어렵지 않게 1,000명의 고객을 관리하고 있지만, 그건 내가 오랜 시간 동안 매일 2~3명의 고객을 만나며 만들어 낸 결과다.

그러는 사이, 내 안에는 '관리할 수 있는 기량'이 쌓였다. 관리할 수 있는 태도, 감당할 수 있는 마인드가 형성됐다.

자산도 마찬가지다.

100억의 자산이 한순간에 주어진다고 해서, 누구나 그 돈을 지킬 수 있는 건 아니다. 그때의 나는 감당하지 못했을 것이다. 하지만 지금은 그 돈이 들어와도 통제할 수 있을 것 같다는 확신이 든다.

그만큼 나는 성장했다.

내가 만나본 100억대 자산가 대부분은 50세 이상이었다. 내가 존경하는 탑 세일즈맨들도 대부분 그 나이대를 넘긴 사람들이었다.

물론 젊은 나이에 돈을 번 사람도 있다. 하지만 오래가지 못하는 경우가 훨씬 많았다.

준비되지 않은 상태에서 갑자기 큰돈이 들어오면, 그 돈을 어떻게 관리해야 할지 모른다. 어디에 투자해야 할지, 누구를 믿어야 할지, 어떻게 불려야 할지에 대한 경험이 없다.

더 큰 문제는 돈을 잃을 수 있다는 두려움이다. 쉽게 얻은 돈은 쉽게 잃을 수 있다는 불안감 때문에 잘못된 선택을 하게 된다. 급하게 더 많은 돈을 벌려다 투기에 빠지거나, 반대로 너무 보수적이 되어 기회를 놓치기도 한다.

하지만 천천히 쌓아온 사람들은 다르다. 적은 금액부터 시작해서 점진적으로 늘려가며 돈을 다루는 방법을 체득했다. 실패를 통해 배우고, 작은 성공을 통해 확신을 얻으며 자신만의 원칙을 만들어 갔다.

준비되지 않은 부는, 무너짐을 앞당긴다.

감당할 준비가 먼저 되어야, 기회는 내 것이 된다.

아직 성공이 다가오지 않은 자신의 처지에 너무 조급해하지 않아도 괜찮다. 성공은 쌓아야 한다. 하루아침에 만드는 게 아니다. 기회는 단숨에 오지만, 그 기회를 받아낼 힘은 천천히, 매일같이 쌓이는 것이다.

학생이 초등학교, 중학교, 고등학교를 거쳐 사회로 나아가듯, 성장도 순차적으로 진행되어야 한다. 빠르게만 가려다 보면, 놓치는 게 많아진다.

그러니 지금 느린 속도에 주눅 들 필요는 없다.

"나는 왜 이렇게 느릴까?"

"언제쯤 성과가 나올까?"

"다른 사람들은 벌써 앞서가는데…."

이런 생각이 들 때가 있을 것이다. 하지만 지금 그 속도가 바로 당신이 감당할 수 있는 만큼의 성장 속도다.

지금, 이 순간에도 당신 안에는 무언가가 쌓이고 있다. 경험이 쌓이고, 지혜가 쌓이고, 감당할 수 있는 그릇이 커지고 있다.

당신은 단순히 결과를 기다리는 것이 아니라, 결과를 감당할 수 있는 사람으로 자라고 있는 중이다.

대부분의 로또 당첨자가 불행해지는 이유는 단 하나다.
부를 감당할 준비 없이, 부가 먼저 와버렸기 때문이다.

6장

모든 일이 잘 되어가고 있다

결국 알게 될 흐름의 비밀

모든 것은 돌고 돈다

040

오르막이 있으면 내리막이 있고, 빛이 있으면 어둠이 있다.

승진하는 사람이 있으면, 강등되거나 좌천을 당하는 사람도 있다.

합격하는 사람이 있으면, 불합격하는 사람도 있다.

세일즈를 하다 보면 이런 순환을 더 자주 경험한다. 어떤 달은 계약이 줄줄이 성사되어 한 달 만에 몇 개월 치 목표를 달성하기도 한다. 그런 달이 오면 정말 세상을 다 가진 기분이다.

하지만 그다음 달에는 정반대 상황이 오기도 한다. 열심히 해도 계약 하나 제대로 되지 않는다. 고객들은 다 관심 없어 보이고, 경쟁사에 빼앗기는 일만 반복된다.

처음에는 이런 변화가 당황스러웠다. '내가 뭘 잘못한 걸까?', '운이다 떨어진 건 아닐까?' 좋을 때는 너무 들뜨고, 안 좋을 때는 너무 침울해했다.

하지만 몇 년 경험하다 보니, 이것이 자연스러운 흐름이라는 것을, 계속 좋을 수만은 없고, 계속 나쁠 수만도 없다는 것을 깨달았다.

내가 고객과 계약을 성사했다는 것은 다른 세일즈맨은 그 계약을 놓쳤다는 뜻이다. 내가 승진하면 누군가는 기회를 놓친 것이고, 내가 1등 하면 누군가는 2등이 된 것이다.

반대로 내가 실패했을 때도 마찬가지다. 내가 놓친 계약을 다른 누군가는 성사한 것이고, 내가 오르지 못한 자리에는 다른 누군가가 올라선 것이다.

인생도 자연처럼 흐른다. 언제나 정상에서 스포트라이트를 받을 수는 없다. 성공의 계절이 오면, 그 뒤엔 반드시 변화의 계절이 찾아온다.

이것을 받아들이고 나니 마음이 훨씬 편해졌다. 좋은 결과가 나왔을 때 과도하게 흥분하지 않게 되었다. '이것도 지나간다'는 걸 알게 되었기 때문이었다.

동시에 나쁜 결과가 나왔을 때도 과도하게 낙담하지 않게 되었다. 이 또한 '이것도 지나간다'는 걸 알고 있기 때문이었다.

특히 세일즈에서는 이런 마음가짐이 중요하다. 한 번의 성공에 취해서 방심하면 다음 달에 타격을 받는다. 한 번의 실패에 좌절해서 포기하면 다음 기회를 놓친다.

좋은 일이 찾아왔을 땐 마음껏 즐겨라. 하지만 거기에 도취하지는 마라.

슬픈 일이 찾아왔을 땐 받아들여라. 하지만 거기에 무너지지는 마라.

만약 지금 당신이 좋은 시기를 보내고 있다면, 그것을 충분히 만끽하되 겸손함을 잃지 않기를 바란다. 언젠가는 어려운 시기가 올 수도 있으니까.

지금 당신이 어려운 시기를 보내고 있다면, 너무 자책하거나 좌절하지 않길 바란다. 이것도 하나의 계절일 뿐이다. 봄이 오면 겨울이 가듯, 좋은 시기도 반드시 올 것이다.

모든 것은 돌고 돈다. 지금, 이 순간도 당신 삶의 거대한 흐름 속의 한 지점일 뿐이다.

그 흐름에 거스르지 말고, 함께 흘러가라. 그러면 어떤 상황에서도 중심을 잃지 않을 수 있다.

내게 좋은 일은 누군가에겐 슬픈 일이 될 수 있고,
내게 슬픈 일은 누군가에겐 좋은 일이 될 수 있다.
그러니, 너무 기뻐할 필요도, 너무 슬퍼할 필요도 없다.

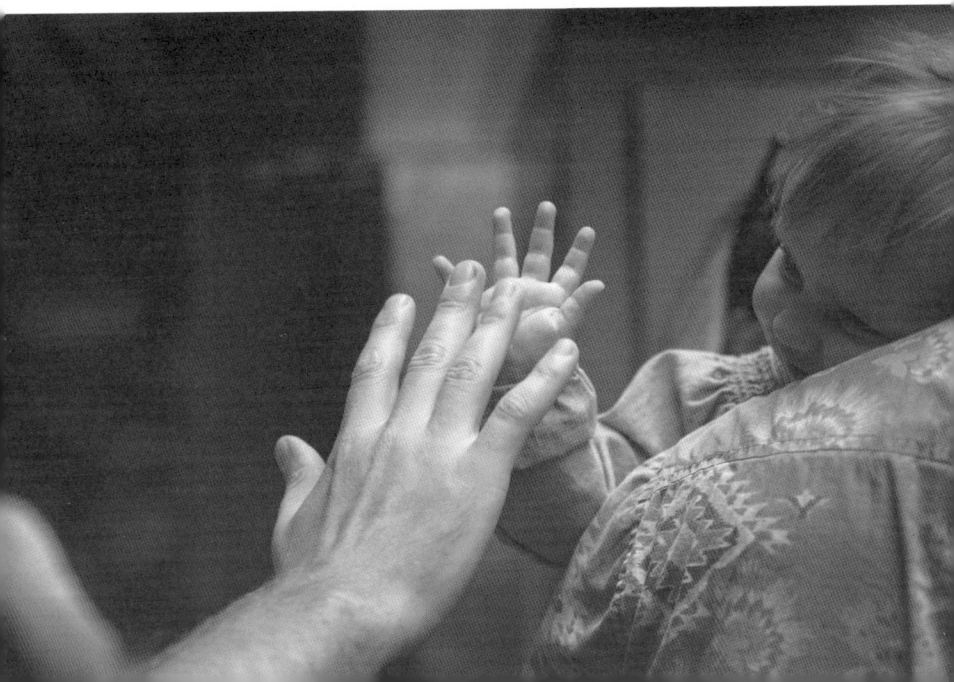

사랑받고 싶다면, 사랑하라

041

우리는 늘 사랑받고 싶어 한다. 인정받고 싶고, 이해받고 싶어 한다. 직장에서도, 가정에서도, 친구들 사이에서도 마찬가지다. 내가 소중한 존재라는 걸 느끼고 싶고, 내 말에 귀 기울여 주는 사람이 있기를 바란다.

그런데 가만히 생각해 보면 아이러니하다. 사랑받고 싶어 하면서도, 정작 내가 다른 사람을 먼저 사랑한 적은 얼마나 될까? 인정받고 싶어 하면서도, 내가 다른 사람을 먼저 인정해 준 적은 얼마나 될까?

스스로에게 물어보자. 당신은 몇 명에게 먼저 손을 내밀어 보았는가? 먼저 인정해 주고, 먼저 이해하려고 한 적이 얼마나 있는가? 상대방이 나를 좋아해 주기를 기다리기만 했던 건 아닌지, 냉정하게 자문해 보자.

예전에 누군가 이렇게 물었다. "세상에서 인사를 가장 많이 받는 사람이 누군지 알아요?" 나는 당연히 유명한 사람일 거라 여기며 대답했다. "대통령? 연예인? 아니면 재벌 회장?"

정답은 이거였다.

"가장 인사를 많이 하는 사람."

그 말을 듣고, 머리를 한 대 얻어맞은 기분이었다. 너무 당연한 얘기인데 왜 그동안 생각하지 못했을까? 인사를 많이 받으려면 내가 먼저 많이 해야 한다는 것을.

그때까지 나는 반대로 생각하고 있었다. '사람들이 나에게 먼저 인사하면 나도 받아주지'하는 식이었다. 당연히 이런 마음을 갖고 있는 내게 아무도 먼저 다가오지 않았다.

인정도 마찬가지다. 사랑도, 이해도 그렇다. 내가 먼저 하지 않으면, 돌아오지 않는다. 이건 자연의 법칙과 같다. 씨앗을 뿌려야 열매를 거둘 수 있고, 물을 주어야 꽃이 핀다.

사람도 똑같다. 내가 상대방에게 관심을 보이고, 먼저 다가가야 상대방도 나에게 마음을 연다. 내가 먼저 상대방의 좋은 점을 찾아서 인정해 주어야, 상대방도 나의 좋은 점을 찾게 된다.

하지만 많은 사람들이 기다린다. '누군가가 나를 알아봐 주겠지!', '누군가 내게 먼저 관심을 보여주겠지' 하면서 수동적으로 기다린다. 그런데 모든 사람이 똑같이 기다리고 있다면, 아무도 먼저 다가가지 않는다.

사랑받고 싶다면, 먼저 사랑하라.
인정받고 싶다면, 먼저 인정하라.
이해받고 싶다면, 먼저 이해하라.
이건 손해 보는 일이 아니다. 투자하는 일이다.
물론 내가 먼저 다가갔다고 해서 모든 사람이 똑같이 반응하는 것은 아니다. 때로는 무시당할 수도 있고, 때로는 상처받을 수도 있다. 하지만 그런 경험들도 필요하다. 그래야 진짜 좋은 사람을 알아볼 수 있게 된다.
중요한 것은 진심이다. 계산적으로 하는 친절은 금세 들통난다. 뭔가를 바라고 하는 관심은 상대방이 부담스러워한다. 하지만 진심에서 우러나오는 따뜻함은 반드시 전해진다.
기다리기만 한다면, 아무것도 오지 않는다. 사랑도, 인정도, 이해도 마찬가지다. 세상은 먼저 손 내미는 사람에게 더 많은 것을 돌려준다. 그것이 인간관계의 기본 원리다.

당신을 좋아하는 사람은 몇 명이나 될까?
그리고, 당신은
몇 명을 진심으로 좋아해 본 적이 있는가?

말하는 순간, 기적은 시작된다

042

15년 전, 나에게는 두 가지 간절한 목표가 있었다.

'독자들에게 울림을 주는 작가가 되고 싶어.'

'청중들에게 감동과 재미를 주는 강사가 되고 싶어.'

지금은 이 목표를 다 이루었지만, 15년 전의 내 모습은 보잘것없었다. 세일즈 경력도 얕았고, 글쓰기 경험도 전무했다. 사람들 앞에서 발표하는 것조차 떨렸던 초보 세일즈맨에 불과했다.

그래서 부끄러웠다. 남들에게 내 목표를 얘기하는 것이 민망했다.

"작가가 되고 싶다고? 네가?"

"강사라니, 꿈도 크네."

이런 반응이 두려웠다. 그래서 목표를 숨기려 했다.

하지만 어느 날, 우연히 한 선배와 대화하다가 내 마음속 목표를 털어놓게 되었다.

"저는 언젠가 책도 쓰고, 강의도 하고 싶어요."

그 선배는 의외의 반응을 보였다.

"아, 그래? 내 친구 중에 출판사 편집자가 있는데 소개해 줄까? 그리고 우리 회사에서 신입사원 교육 강사를 찾고 있었는데, 한번 해볼래?"

그 순간 깨달았다. 내게는 불가능해 보였던 일이 누군가에게는 그저 일상이었다는 것을.

그 이후로 나는 만나는 사람들에게 조금씩 내 목표를 얘기하기 시작했다. 고객들과의 대화에서도, 동료들과의 식사 자리에서도, 가족과의 시간에서도.

"저는 언젠가 제 경험을 책으로 써보고 싶어요."
"세일즈 노하우를 강의로 전하고 싶어요."

신기하게도, 목표를 입 밖에 꺼낼 때마다 도움의 손길이 나타났다. 고객들과의 대화에서 자연스럽게 나온 이야기가 생각지 못한 기회로 이어졌다. 주변 동료는 강의 기회를 소개해 주었고, 선배는 글쓰기에 대한 조언을 해주었다.

가장 놀라웠던 것은, 내가 목표를 말하기 시작하면서 주변 사람들이 나를 다르게 보기 시작했다는 점이다. 평범한 세일즈맨이 아닌, 무언가를 꿈꾸고 준비하는 사람으로 인식하게 된 것이다.

모든 게 우연이었지만, 동시에 필연이었다. 내가 목표를 숨기고 있었다면 절대 일어나지 않았을 일들이었으니까.

목표를 숨기는 사람에게는 도움도 숨겨진다.
하지만 목표를 드러내는 사람에게는 예상치 못한 도움이 찾아온다.
목표를 숨기고 혼자만의 싸움을 이어 나가려 한다면, 그것은 스스로를 고립시키는 일이다.
목표를 드러낸다는 것은 단순히 꿈을 말하는 것이 아니다. 자신이 바라는 삶의 방향을 세상에 알리는 행위다. 공개적으로 표현함으로써 자신을 책임지게 만들고, 주변 사람들에게 동기를 부여하는 것이다.
목표를 향한 열정과 의지는 전염된다. 때로는 예상치 못한 곳에서 지원과 격려를 받을 수 있다. 누군가에게는 당신의 목표가 영감이 되고, 또 누군가는 당신의 꿈을 실현하는 데 필요한 인맥, 자원, 조언을 제공할지도 모른다.

나는 이미 그 기적을 경험했다.
당신도 그 기적을 경험해 보길 바란다.

꿈을 숨기지 마라.
당신에겐 큰 도전이어도,
누군가에겐 당장 도와줄 수 있는 일일 수 있다.
목표는 드러내야 움직인다.
말할 때마다, 기회는 가까워진다.

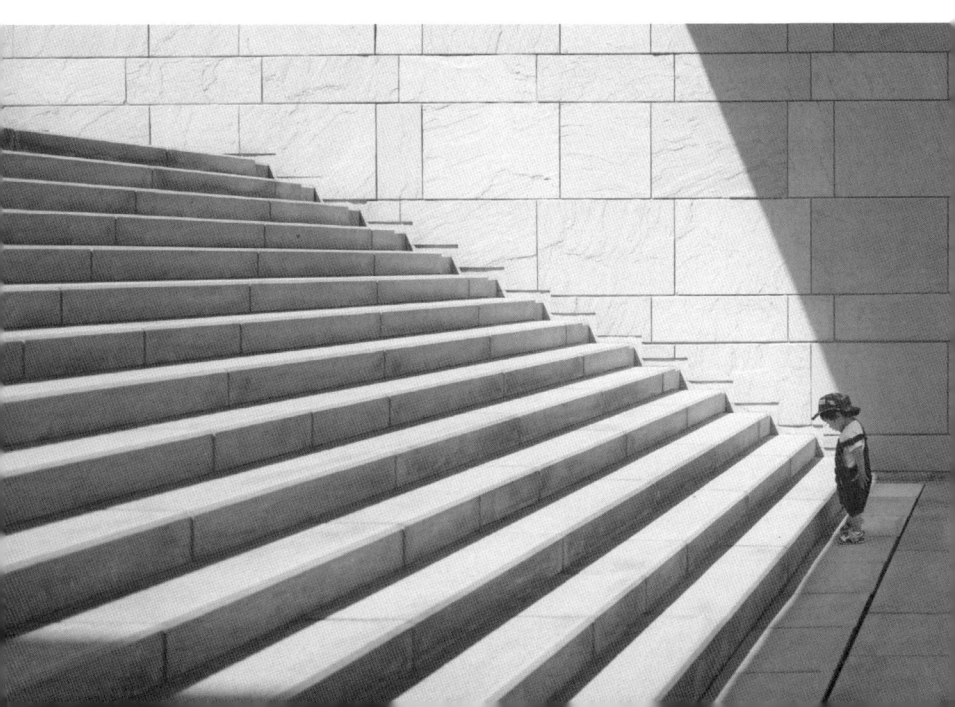

곧 판이 바뀐다는 가장 확실한 신호

043

성공과 성취를 경험하고 싶은 사람은 많지만, 실패나 슬럼프를 경험하겠다고 하는 사람은 찾기 어렵다. 나의 부족함을 적나라하게 경험하게 되니 슬럼프가 반가울 리 없다.

하지만 나는 성장 전에 반드시 슬럼프가 찾아온다는 것을 여러 번 경험했다.

세일즈를 시작한 지 3년 차, 나에게 첫 번째 큰 슬럼프가 찾아왔다. 그때까지 나름 성과를 내며 올라오고 있다고 생각했는데, 갑자기 모든 것이 막혔다. 고객들의 반응도 차갑고, 제안하는 상품마다 거절당했다.

'내가 뭘 놓치고 있는 걸까?'

'이 일이 정말 내게 맞는 걸까?'

매일 이런 생각들이 머릿속을 맴돌았다.

그때 한 선배가 말해주었다.

"슬럼프가 왔다는 건 네가 한 단계 더 올라갈 준비가 됐다는 뜻이야. 지금까지의 방식으로는 더 이상 안 통하니까, 새로운 걸 배우라는 신호야."

그 말이 큰 위로가 되었다. 이후, 슬럼프를 끝이 아닌 시작으로 바라보게 되었다.

그때부터 나는 슬럼프 시기를 다르게 활용했다.

첫째, 체력을 길렀다. 헬스장에 등록하고 규칙적으로 운동했다. 몸이 건강해지니 마음도 단단해졌다. 기회가 왔을 때 버틸 힘을 기르는 것이다.

둘째, 공부를 게을리하지 않았다. 세일즈 관련 책을 읽고, 강의를 들었다. 성공한 선배들의 노하우를 하나씩 내 것으로 만들어 갔다. 준비된 사람만이 기회를 잡을 수 있으니까.

셋째, 주변 사람을 미리 챙겼다. 가족과 더 많은 시간을 보내고, 동료들과도 깊은 대화를 나눴다. 바쁠 때는 이런 관계들을 소홀히 하기 쉬운데, 여유가 있을 때 미리 챙겨두는 것이다.

6개월 후, 정말로 기회가 찾아왔다. 법인을 운영하는 자산가 고객을 만날 기회가 생겼고, 그동안 준비한 모든 것들이 빛을 발했다. 체력적으로도 버틸 수 있었고, 새롭게 배운 지식들도 활용할 수 있었다. 무엇보다 주변의 든든한 지지가 있어서 올바르게 나아갈 수 있었다.

그 이후로 나는 슬럼프를 두려워하지 않는다. 오히려 반갑다. 더 큰 성장이 기다리고 있다는 신호니까 말이다.

슬럼프는 우리가 기존의 방식으로는 더 이상 나아갈 수 없음을 알려주는 경고다. 동시에 변화와 도약을 요구하는 시기임을 알려준다. 이 과정에서 우리는 자신의 한계를 인식하고, 새로운 방법과 시각을 모색하게 된다.

그럴 때일수록 감정에 치우치지 말고 체력을 기르고 공부를 하자. 그리고 주변 사람들을 잘 챙기자.

지금의 슬럼프를 잘 이겨낸다면, 당신은 정말 멋지게 성장해 있을 것이다.

조금도 의심하지 마라.

슬럼프는 성장이 다가오고 있다는 신호다.
무너졌다고 느낄 때가, 다시 뛸 준비를 해야할 때다.

이 시기에 해야 할 일은 세 가지.
첫째, 체력을 길러라. 기회는 버티는 자에게 온다.
둘째, 공부를 멈추지 마라. 준비된 자만이 잡는다.
셋째, 관계를 정비하라. 바빠지면 인간관계가 무너진다.

슬럼프는 끝이 아니라 시작이다.
성장 전야에 반드시 지나야 할 터널일 뿐이다.

그다음 문이 열리는 사람들

044

무언가를 시작할 때는 희망과 기대를 안고 시작한다. 사람과의 관계이든, 무슨 일이든 그러하다.

하지만 시간이 지나면서 서로에게 상처가 되는 관계가 있다. 기대했던 일이 실패로 끝나는 경우도 있다. 이렇게 끝나버리면 그동안의 노력조차 의미를 잃게 된다.

그래서 나는 항상 끝맺음을 중요시한다.

17년 동안 세일즈를 하면서 수많은 계약이 성사되었지만, 수많은 계약이 무산되기도 했다. 처음에는 계약이 무산되면 실망하고 좌절했다. 그리고 그 좌절감을 고객에게 드러내곤 했다.

어떤 고객은 몇 달간 상담을 진행하다가 다른 업체로 마음을 바꿨다. 그때 나는 감정을 감추지 못했다. "그동안 제가 얼마나 정성껏 상담해 드렸는데…"라며 서운함을 토로했다.

결과는 뻔했다. 그 고객은 다시는 내게 연락하지 않았다. 게다가 그 고객은 주변 지인들에게 나에 대해 좋지 않은 얘기를 했다.

그랬다. 끝이 나쁘면 그동안의 모든 노력이 물거품이 되는 것을 넘어, 더 나쁜 결과가 뒤따라오는 건 당연한 일이었다.

그 후로는 접근 방식을 바꿨다.

계약이 무산되어도 마지막까지 정중하게 대했다. "좋은 결정 내리시길 바랍니다. 언제든 필요하시면 연락 주세요"라며 서로 웃으면서 헤어졌다.

이후 놀라운 일이 벌어졌다.

처음에 다른 업체와 계약했던 고객이 1년 후 다시 연락을 해왔다. "그때 마지막까지 기분 좋게 대해주셔서 고마웠어요. 이번 계약은 주훈 씨께 맡기고 싶습니다."

또 다른 고객은 본인은 계약하지 않았지만, 지인을 소개해 주었다. "제가 직접 계약하지는 않았지만, 정말 좋은 분이세요. 믿고 맡기셔도 됩니다"라면서 더 큰 계약 건을 소개해 주기도 했다.

회사를 그만둘 때, 동업을 정리할 때, 심지어 연인과 헤어질 때도 끝맺음이 중요하다. 과정이 좋지 않았어도 끝이 좋으면 감동과 여운을 남기고, 새로운 시작으로 이어지는 디딤돌이 된다.

반대로 끝이 나쁘면 그동안의 좋았던 기억마저 사라진다. 아무리 좋은 시간을 보냈어도 마지막 기억이 나쁘면 전체가 나쁜 것으로 기억된다.

끝이 나쁜 사람은 다시 보고 싶지 않아진다. 하지만 끝이 좋았던 사람은 다시 보고 싶은 그리움의 대상이 된다.

기회가 주어져야 살아갈 수 있고 앞으로 나아갈 수 있는 것이 사람이다. 그리고 그 기회는 대부분 사람을 통해 온다. 그러니 사람들이 나를 어떻게 기억하느냐는 매우 중요하다.

마무리가 좋아야 비로소 과정과 시작 또한 빛날 수 있다.

지금 당장 결과가 좋지 않더라도, 끝만큼은 좋게 마무리하자.

화내고 싶어도 참고, 서운해도 웃으며 헤어지자. 그래야 언젠가 그 다음 문이 열린다.

사람은 끝을 기억한다.
관계도, 일도, 결국 마지막이 품격을 말해준다.

잘 떠나는 사람에게
다음 문이 열린다.
그게 사람의 격이다.

감추고 싶은 곳에서, 가장 큰 힘이 나온다

나는 약점이 많은 사람이다.

어릴 적에 그냥 산만하다고 했던 나의 행동들은 지금 와서 돌이켜 보면 ADHD(주의력결핍 과잉행동장애)였다. 진득하게 책상에 앉아서 책을 보는 것이 힘들었고, 책을 읽을 수는 있었으나 이해하며 머릿속에 담기 어려웠다.

한번 두번 보면 외우는 내용을 나는 몇 배의 시간을 들여 외워야 했다. 성인이 되어도 마찬가지였다. 그래서 나는 애초에 모든 시작이 남보다 늦다.

어떤 일을 하든 간에, 남보다 2~3배 시간을 투입해야 했고 모든 것을 기록해야 했다. 학창 시절 내내 열등감에 시달렸고, 아무리 열심히 공부해도 성적은 늘 중간 정도였다.

하지만 그 과정에서 한 가지 발견한 게 있었다.

상대적으로 몸으로 체득하는 것은 남보다 빨랐다. 시간이 조금 걸리긴 해도 경험과 지식을 몸으로 체득하면 배움의 깊이와 일의 성과가 올라가는 것을 경험했다.

세일즈를 시작할 때 이 약점이 오히려 장점이 되었다.

책상에 앉아 고민하는 시간은 최소로 했다. 사실 앉아 있는 것 자체가 내게는 견딜 수 없이 힘들었다. 대신 바로 현장으로 나갔다. 이론보다는 실전을 택했다.

동기들이 세일즈 교육 자료를 달달 외우고 있을 때, 나는 이미 고객을 만나러 나가 있었다. 그들이 머리로 이해하려 할 때, 나는 몸으로 체험하고 있었다.

시작부터 남보다 더 많은 거절과 냉대를 몸으로 경험하며 세일즈 노하우를 체득했다. 처음에는 정말 힘들었다. 거절당할 때마다 자존심이 상했고, 실력 부족을 실감했다.

하지만 그 과정에서 책에서는 배울 수 없는 것들을 익혔다. 고객의 미묘한 표정 변화, 목소리 톤의 의미, 거절하면서도 관심을 보이는 신호들. 이런 것들은 머리로 아는 게 아니라 몸으로 느끼는 것이었다.

경험의 시간이 지날수록 나의 능력은 복리로 늘어났다.

몇 년 후 동기들과 비교해 보니 신기한 일이 벌어져 있었다. 처음에는 이론으로 앞서갔던 그들을 내가 실무에서 앞서가고 있었다. 머리로 아는 것과 몸으로 아는 것의 차이였다.

내가 만약 남보다 머리가 좋고 암기를 잘했다면 어땠을까? 아마 몸을 덜 썼을 것이다. 이론에 의존했을 것이고, 현장 경험을 소홀히 했을 것이다.

세일즈에서 몸을 덜 쓴다는 것은 성과와 직결된다. 현장에서 만나는 수많은 변수들, 예상치 못한 상황을 이론만으로는 대처할 수 없기 때문이다.

지금 생각해 보면 내가 약점이라 생각한 점은, 도리어 조물주가 내게 준 비밀 무기 같은 것이었다.

ADHD라는 약점이 없었다면 책상 앞에 앉아서 이론만 공부했을 것이고, 현장의 진짜 실력을 기를 기회를 놓쳤을 것이다. 암기력이 좋았다면 경험보다는 지식에 의존했을 것이고, 지금 같은 체화된 능력을 갖추지 못했을 것이다.

당신에게도 감추고 싶은 약점이 있을 것이다. 남보다 부족한 부분, 열등감을 느끼는 영역. 하지만 그것이 정말 감춰야 할 것들일까?

어쩌면 그 약점이라 생각하는 점이, 당신만의 독특한 길로 이끌어 줄 나침반일지도 모른다. 남과 다른 방식으로 접근하게 만드는 원동력일지도 모른다.

많은 사람들이 약점을 감추려 애쓴다.
하지만 진짜 강한 사람은 약점을 꺼내어 다룬다.

오히려 그 결핍 때문에 더 깊어지고,
그 모난 부분 덕분에 더 단단해진다.

아무것도 우리를 막을 수 없다

046

일을 하다 보면 항상 문제가 생긴다.

고객이 변심을 하는 일도 있고, 의사소통의 부재로 고객이 불만을 접수할 수도 있다. 경쟁사와 출혈 경쟁을 하는 경우도 생긴다.

왜 모든 일은 순탄하게 이루어지지 않을까?

왜 꼭 장애물이 생기는 걸까? 오히려 순탄하게 일이 진행되면 불안하기까지 하다.

처음에는 이런 장애물들이 싫었다. 왜 내게만 이런 일이 생기는지, 왜 다른 사람들은 쉽게 하는 것 같은데 나만 어려운지 원망스러웠다.

하지만 이제 와 돌이켜보면, 이제까지 내가 성장할 수 있었던 계기는 '내가 생각한 대로 일이 진행되지 않았기' 때문이었다.

매번 장애물을 극복하기 위해 노력을 해야 했고, 넘어지면 다시 일어날 힘을 길러야 했다. 그렇게 수백 번 수천 번의 장애물을 경험해 보니 수많은 잔근육이 생기게 되고, 그것들이 나의 가장 큰 힘이 되었다.

고객이 변심했을 때 대처하는 방법을 배웠다. 의사소통이 어긋났을 때 관계를 회복하는 기술을 익혔다. 경쟁이 치열할 때 차별화하는 능력을 기를 수 있었다.

만약 처음부터 모든 일이 순조롭게 흘러갔다면, 지금의 나의 모습을 만날 수 없었을 것이다. 어려움 없이 성과만 나왔다면, 진짜 실력을 기를 기회를 놓쳤을 것이다.

그때는 장애물이라고 생각했던 것들이 지금은 나를 지켜주는 보호벽이 되었다. 어떤 어려운 상황이 와도 극복할 수 있는 자신감이 생겼다. 예상치 못한 변수가 생겨도 당황하지 않고 대응할 수 있는 경험이 쌓였다.

이 글을 읽고 있는 당신도 지금 어떤 장애물 앞에 서 있을지 모른다. 풀리지 않는 문제, 뜻대로 되지 않는 상황, 예상보다 더딘 진전.

하지만 그 장애물들이 당신을 괴롭히려고 나타난 게 아니다. 당신을 더 강하게 만들기 위해, 더 지혜롭게 만들기 위해, 더 단단하게 만들기 위해 나타난 것이다.

지금은 힘들고 답답할 수 있다. 왜 이런 일이 내게 생기는지 이해되지 않을 수도 있다. 하지만 시간이 지나고 나면 깨닫게 될 것이다. 그 모든 장애물들이 당신을 성장시키는 소중한 과정이었다는 것을 분명히 알게 된다.

우리 인생의 목표는 장애물 없는 편안한 삶이 아니다. 장애물을 만나도 흔들리지 않고, 어려움이 와도 극복할 수 있는 그런 삶이 우리의 목표여야 한다.

그리고 당신은 지금, 그런 삶을 만들어 가는 중이다.

결국, 당신 앞을 가로막은 큰 벽은 장애물이 아니라 보호벽이 되어 당신을 지켜줄 것이다.

당신이 지금 걷고 있는 길이 결코 쉽지 않다는 걸 안다.

하지만 그 길 끝에서 만날 당신의 모습을 생각하면, 지금의 모든 과정이 소중하다. 나는 이 긴 여정을 함께해 준 당신에게 감사하다.

모든 일이 잘 되어가고 있다.

보이지 않는 속도로, 하지만 확실하게.

당신은 매일 조금씩 더 강해지고 있다.

인생의 목표는 장애물이 없는 삶이 아니다.
장애물을 만날 때마다 주저앉지 않고,
넘어지고 흔들리더라도 다시 일어나는 힘.

그것이 진짜 당신의 삶이다.